TRAITÉ

DE

NUMISMATIQUE

MODERNE ET CONTEMPORAINE

PAR

ARTHUR ENGEL

ANCIEN MEMBRE DES ÉCOLES FRANÇAISES DE ROME ET D'ATHÈNES

ET

RAYMOND SERRURE

EXPERT

DEUXIÈME PARTIE

ÉPOQUE CONTEMPORAINE (XVIIIe-XIXe SIÈCLES)

77 illustrations dans le texte

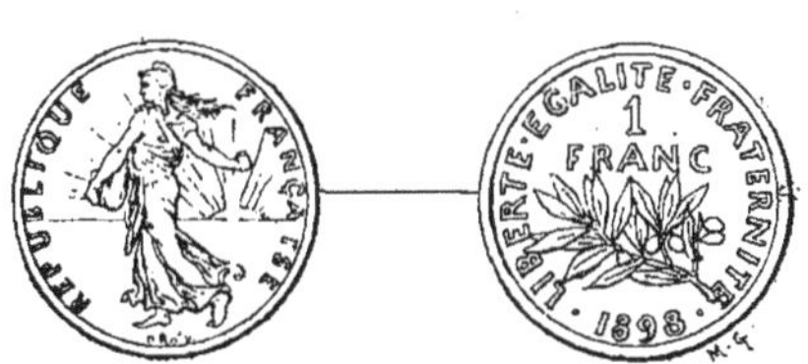

PARIS

ERNEST LEROUX, ÉDITEUR

28, RUE BONAPARTE, 28

1899

TRAITÉ

DE

NUMISMATIQUE

MODERNE ET CONTEMPORAINE

CHARTRES. — IMPRIMERIE DURAND, RUE FULBERT.

TRAITÉ

DE

NUMISMATIQUE

MODERNE ET CONTEMPORAINE

PAR

ARTHUR ENGEL

ANCIEN MEMBRE DES ÉCOLES FRANÇAISES DE ROME ET D'ATHÈNES

ET

RAYMOND SERRURE

EXPERT

DEUXIÈME PARTIE

ÉPOQUE CONTEMPORAINE (XVIIIe-XIXe SIÈCLES)

77 illustrations dans le texte

PARIS

ERNEST LEROUX, ÉDITEUR

28, RUE BONAPARTE, 28

1899

DEUXIÈME PARTIE

CHAPITRE PREMIER

LA FRANCE

DEPUIS L'ADOPTION DU SYSTÈME DÉCIMAL (1793)
ET LA PRINCIPAUTÉ DE MONACO

SOURCES : P.-F. Bonneville, *Traité des monnaies d'or et d'argent qui circulent chez les différents peuples.* Paris, 1806, in-fol. — A. Bonneville, *Encyclopédie monétaire ou nouveau traité des monnaies d'or et d'argent en circulation chez les divers peuples du monde.* Paris, 1849, in-fol. — Hennin, *Histoire numismatique de la Révolution française.* Paris, 1826, 2 vol. in-4. — E. Dewamin, *Cent ans de numismatique française, de 1789 à 1889, ou A, B, C, de la numismatique moderne.* Tome II. *Histoire du numéraire.* Paris, 1895, in-fol. — A. de Foville, *Administration des monnaies et médailles. Rapport au Ministre des finances.* Paris, in-8. Ces rapports sont annuels ; le premier a paru en 1896. — *Annuaires du bureau des longitudes.* Paris, in-12.

§ I. — *La première République depuis l'adoption du système décimal.*

Le 26 mars 1791, l'Assemblée nationale chargea l'Académie des sciences d'établir un nouveau système de poids et mesures ayant pour base « une « unité naturelle et invariable, ne renfermant rien, dans sa dénomina- « tion, d'arbitraire, ni de particulier à la situation d'aucun peuple sur le « globe ». L'Académie prit pour base du système de longueur la dix-millionième partie du quart du méridien terrestre, sous le nom de *mètre.* Comme unité de poids, elle adopta d'abord, sous le nom de *grave,* le décimètre cube d'eau distillée, mais cette unité, ayant été reconnue trop forte, fut remplacée en 1795 par le *gramme,* poids du centimètre cube d'eau distillée. Le nombre 10 fut pris comme multiplicateur et diviseur unique des unités ainsi établies.

Le 24 août 1793, la Convention nationale adopta un projet de décret qui constitua le premier pas dans l'application du système décimal aux monnaies. En voici les points essentiels :

« ART. Ier. *Il sera incessamment fabriqué une petite monnaie résultant d'un mélange de cuivre et de métal de cloches, pour remplacer les pièces de 2 sous, d'un sou, de 6 et 3 deniers qui sont aujourd'hui dans la circulation.* — ART. II. *La livre numéraire sera divisée en 10 parties appelées décimes.* — ART. III. *Le décime sera divisé en 10 parties; chacune de ces parties portera le nom de centime.* — ART. IV. *Il ne sera fabriqué que des pièces d'un décime, de 5 centimes et d'un centime.* — ART. VI. *Les pièces d'un décime seront à la taille de 100 par grave; les pièces de 5 centimes seront à la taille de 200 par grave; les pièces d'un centime seront à la taille de 1000 pièces par grave.* »

Les articles suivants du décret déterminent les types de ces nouvelles monnaies, mais ces pièces ne furent jamais frappées. Un décret du 12 septembre 1793 ordonna la fabrication de pièces de 5 *décimes* en bronze, à la taille de 40 par grave. Ces monnaies, connues des collectionneurs sous le nom de 5 *décimes de Robespierre,* portent à l'avers, suivant le texte du décret, « la Nature assise, faisant jaillir de son sein l'eau de la régénération ; le président de la Convention y est représenté offrant une

Fig. 364

coupe aux envoyés des assemblées primaires; au-dessous sont inscrits les mots : 10 AOUT 1793; la légende est : RÉGÉNÉRATION FRANÇAISE. » Le revers porte les mots : 5 DÉCIMES L'AN 2, dans une couronne, et, en légende : RÉPUBLIQUE FRANÇAISE. Sur la tranche est inscrite la devise : ÉGALITÉ. LIBERTÉ. INDIVISIBILITÉ. Cette pièce frappée dans l'atelier de Paris n'eut qu'une circulation très restreinte. Les coins furent gravés par Augustin Dupré (fig. 364).

Le cadre de ce livre nous interdit de rappeler en détail les différents décrets rendus par la Convention, sur le fait des monnaies, dans le cours des années 1793 et 1794. Aucun ne fut d'ailleurs exécuté. Les nombreuses émissions d'assignats [1], la multiplicité des billets de confiance, et aussi la situation intérieure de la France firent cesser entièrement la fabrication du numéraire.

Le 15 août 1795 (28 thermidor an 3), la Convention rendit un décret qui établit définitivement le système monétaire décimal et qui servit de base à la législation moderne. En raison de son importance, nous en donnerons intégralement le texte :

« *La Convention Nationale, après avoir entendu le rapport de son Comité des finances, section des assignats et monnaies, décrète ce qui suit.*

Titre I. — *Disposition générale sur les monnaies.*

ART. Ier. *L'unité monétaire portera désormais le nom de franc.* — ART. II. *Le franc sera divisé en dix décimes; le décime sera divisé en dix centimes.* — ART. III. *Le titre et le poids des monnaies seront indiqués par les divisions décimales.*

Titre II. — *De la monnaie d'argent.*

ART. Ier. *Le titre de la monnaie d'argent sera de 9 parties de ce métal pur et d'une partie d'alliage.* — ART. II. *La tolérance du titre sera de 7 millièmes en dedans, et de 7 millièmes en dehors du titre fixé par l'art. précédent.* — ART. III. *Il sera fabriqué des pièces d'un, de 2 et de 5 francs.* — ART. IV. *La pièce d'un franc sera à la taille de 5 grammes; celle de 2 francs, à la taille de 10 gr.; celle de 5 francs, à la taille de 25 gr.* — ART. V. *La tolérance du poids sera d'un 200me en dedans et d'un 200me en dehors du poids fixé par l'art. précédent.* — ART. VI. *Les pièces d'argent auront pour type la figure d'Hercule, unissant l'Égalité et la Liberté, avec la légende :* UNION ET FORCE (fig. 365). *Sur le revers seront gravées deux branches enlacées, l'une de chêne, l'autre d'olivier, avec la légende :* RÉPUBLIQUE FRANÇAISE. *Au centre, on lira la valeur de la pièce. L'exergue exprimera, en chiffres arabes, l'an de l'ère républicaine. Au-dessous sera gravé le signe indicatif de l'atelier monétaire. La tranche portera ces mots :* GARANTIE NATIONALE.

Fig. 365

1. Nous ne nous occupons pas, dans ce livre, du papier-monnaie. Nous citerons toutefois les principaux livres dans lesquels nos lecteurs pourront trouver des renseignements sur la circulation fiduciaire de la République : E. Dewamin, *Cent ans de numismatique française*, t. I. *Papier-monnaie*. Paris, in-fol. 1893. — A. Colson, *Tableaux des billets de confiance émis dans les 83 départements et qui ont eu cours de monnaie de 1790 à 1793*, dans la *Revue numism.* de 1852. — Aug. Rouillé, *Assignats et papiers-monnaie. Guerres de Vendée et chouannerie, 1793-1796*. La Roche-sur-Yon, 1891, in-4. — P. Sabatier, *Billets de confiance des communes de France*, dans la *Revue belge de numism.* de 1863. — Pour des indications bibliographiques plus étendues, on consultera notre *Répertoire des sources imprimées de la numismatique française*.

Titre III. — *De la petite monnaie.*

Art. Ier. *Il sera fabriqué en métal de bronze épuré, des pièces d'un, de 2 et de 5 centimes; d'un et de 2 décimes.* — Art. II. *La pièce d'un centime sera à la taille d'un gramme; celle de 2 centimes à la taille de 2 gr.; celle de 5 centimes à la taille de 5 gr.; celle d'un décime à la taille de 10 gr.; celle de 2 décimes, à la taille de 20 gr.* — Art. III. *La tolérance de poids sera de 40 pièces par kilogramme, pour les pièces d'un centime; 20 pièces par kilog. pour celles de 2 centimes; 8 pièces par kilog. pour celles de 5 centimes; 4 pièces par kilog. pour celles d'un décime; 2 pièces par kilog. pour celles de 2 décimes.* — Art. IV. *La tolérance du poids sera évaluée, moitié en dedans, moitié en dehors du poids fixé par l'art. précédent.* — Art. V. *Ces pièces auront pour type la figure de la Liberté, avec la légende:* RÉPUBLIQUE FRANÇAISE (fig. 366). *Le revers exprimera, au centre, la valeur de la pièce; au-dessous, en forme d'exergue, l'an de l'ère républicaine; enfin, au bas, le signe indicatif de l'atelier monétaire.* — Art. VI. *Le Comité des finances déterminera, tant pour les pièces d'argent que pour la petite monnaie, celles des coupures qui seront les premières fabriquées pour les besoins du service public et des relations commerciales.* — Art. VII. *Le même Comité présentera incessamment une instruction sur la comparaison de la valeur de la livre tournois avec la nouvelle unité monétaire et les nouvelles pièces de monnaie.* »

Fig. 366

Le décret que nous venons de transcrire fut suivi, le même jour, d'un autre décret relatif à la fabrication d'une monnaie d'or; comme il resta lettre morte, il est superflu d'en faire plus ample mention. Les dispositions prises en ce qui concerne les espèces de bronze ne reçurent elles-mêmes qu'une exécution partielle. Dès l'an 4 de la République, on émit des pièces de 5 *francs*, des pièces de *deux décimes*, d'*un décime* et de *cinq centimes* en bronze. Les coins avaient été gravés par Augustin Dupré.

Les monnaies de bronze, telles qu'elles avaient été établies par le décret du 28 thermidor an 3, avaient une valeur intrinsèque inférieure de moitié à celle pour laquelle elles avaient été mises en circulation. Préoccupé de mettre, même pour les menues espèces, la valeur nominale en rapport avec la valeur réelle, le Conseil des Anciens, le 24 octobre 1796 (3 brumaire an 5), démonétisa les pièces émises depuis l'an 4 et décida qu'à l'avenir les monnaies de bronze seraient frappées dans les conditions suivantes de poids : la pièce d'*un centime* pèserait 2 grammes, celle de 5 *centimes* pèserait 10 grammes, enfin le *décime* pèserait 20 grammes; leur taille respective serait de 500, 100 et 50 exemplaires au kilogramme de métal. Il n'était plus question de pièces de 2 *décimes*.

Les monnaies de 5 *centimes* émises en l'an 4 furent démonétisées et refondues; les pièces de 2 *décimes* et d'*un décime* furent transformées respectivement en *décimes* et en pièces de 5 *centimes* nouvelles. En l'an 6, on frappa les premières pièces d'*un centime*.

Un décret du 14 octobre 1795 (22 vendémiaire an 3) restreignit à huit le nombre des ateliers monétaires, dont voici l'énumération avec l'indication de leurs différents: Paris (A), Perpignan (Q), Bayonne (L), Bordeaux (K), Nantes (T), Lille (W), Strasbourg (BB) et Lyon (D).

Le coup d'état du 18 brumaire an 8 (9 novembre 1799), qui permit à Bonaparte d'établir le gouvernement consulaire, n'apporta aucun changement dans le régime monétaire. Le nombre des ateliers en activité s'accrut toutefois de deux officines nouvelles: Genève (G), qui frappa en l'an 8 et en l'an 9 des *décimes* et des pièces de 5 *centimes* de bronze, en l'an 9 et l'an 10 des pièces de 5 *francs*, puis Marseille (MA en monogramme), qui émit de l'an 9 à l'an 11 des pièces de 5 *francs*.

§ II. — *Le Consulat à vie et le premier Empire.*

Le 17 germinal an 11 (7 avril 1803), Bonaparte, premier consul, promulgua un décret rendu, sur le fait des monnaies, le 7 germinal (28 mars), par le Corps législatif. Voici les dispositions essentielles de ce décret, qui établit en France le double étalon avec un rapport de 1 à 15 $\frac{1}{2}$:

ART. Ier. *Les pièces de monnaie d'argent seront d'un quart de franc, d'un demi-franc, de trois quarts de franc, d'un franc, de 2 francs et de 5 francs.* — ART. II. *Leur titre est fixé à neuf dixièmes de fin et un dixième d'alliage.* — ART. III. *Le poids de la pièce d'un franc sera de 5 grammes* (le poids des autres pièces, à l'avenant). — ART. VI. *Il sera fabriqué des pièces d'or de 20 francs et de 40 francs.* — ART. VII. *Leur titre est fixé à neuf dixièmes de fin et un dixième d'alliage.* — ART. VIII. *Les pièces de 20 francs seront à la taille de 155 pièces au kilogramme, et les pièces de 40 francs à celle de 77 $\frac{1}{2}$ au kilogramme.* — ART. XIII. *Il sera fabriqué des pièces de cuivre pur de $\frac{2}{100}$, de $\frac{3}{100}$ et de $\frac{5}{100}$ de franc.* — ART. XIV. *Le poids des pièces de $\frac{2}{100}$ sera de 4 grammes; celui des pièces de $\frac{3}{100}$, de 6 gr. et celui des pièces de $\frac{5}{100}$, de 10 gr.* — ART. XVI. *Le type des pièces de monnaie est réglé comme il suit: Sur une des faces des pièces d'or, d'argent et de cuivre, la tête du Premier Consul avec la légende:* BONAPARTE PREMIER CONSUL. *Sur le revers, deux branches d'olivier au milieu desquelles on placera la valeur de la pièce et, en dehors, la légende:* RÉPUBLIQUE FRANÇAISE, *avec l'année de la fabrication. Sur les pièces d'or et de cuivre, la tête regardera la gauche du spectateur; sur les pièces d'argent, elle regardera la droite. La tranche des pièces de 5 francs portera cette légende:* DIEU PROTÈGE LA FRANCE.

Un arrêté du 18 germinal an 11 (8 avril 1803) fixa le diamètre des nouvelles monnaies. Le 10 prairial (30 mai) suivant, un décret vint réglementer d'une façon générale l'administration monétaire. Le titre II, consacré aux ateliers, dit: « Il y aura, pendant trois ans, seize ateliers monétaires, savoir: Paris, Perpignan, Bayonne, Bordeaux, Toulouse, Limoges, La Rochelle, Nantes, Rouen, Lille, Bruxelles, Strasbourg,

Lyon, Genève, Marseille et Turin. A l'expiration de ce terme, le ministre des finances proposera la conservation de ceux qui auront présenté le plus d'avantages et qui seront jugés nécessaires. »

Ces divers décrets ne reçurent pas une exécution intégrale; parmi les pièces mentionnées dans celui que nous avons cité plus haut, la pièce d'argent de trois quarts de franc et les diverses monnaies de cuivre ne furent jamais frappées. La légende DIEU PROTÈGE LA FRANCE, prévue pour les pièces de 5 francs, fut également placée sur la tranche de celles de 40, de 20 et de 2 francs. Parmi les ateliers cités dans l'arrêté du 10 prairial, celui de Bruxelles ne fut jamais organisé, et celui de Turin (U) ne commença à ouvrer qu'en l'an 12. Le 17 floréal an 11, un arrêté ministériel institua un concours pour la gravure des monnaies et le perfectionnement des balanciers. Après une première épreuve éléminatoire, les graveurs Geoffroy, Galle, Droz et Brenet furent admis à présenter leurs projets; Droz l'emporta pour l'or, Brenet, pour l'argent [1]. L'émission des pièces d'or de 40 et de 20 francs commença dès l'an 11, ainsi que celle des pièces de 5 francs, d'un franc et d'un demi-franc d'argent. La première frappe des pièces de 2 francs et d'un quart de franc eut lieu en l'an 12.

Le senatus-consulte du 18 mai 1804 proclama le premier consul empereur sous le nom de Napoléon I. Le 7 messidor an 12 (26 juin 1804) parut un décret impérial qui modifiait la légende des monnaies conformément à la constitution nouvelle (fig. 367); en voici le texte :

« *Napoléon, par la grâce de Dieu et les Constitutions de la République, Empereur des Français, sur le rapport du Ministre des finances, le Conseil d'État entendu, décrète : Art. Ier. La légende des monnaies portant ces mots :* BONAPARTE PREMIER CONSUL, *sera remplacée par celle :* NAPOLÉON EMPEREUR. »

Fig. 367

Le 27 pluviôse an 13 (14 février 1805), un décret impérial supprima l'atelier monétaire de Genève.

Le 17 brumaire an 14 (8 novembre 1805), le ministre des finances au-

1. H. Denise, *Le concours de l'an XI*, dans la *Gazette numismatique française* de 1899.

torisa l'administration des monnaies à reprendre l'ancien calendrier. Une importante modification du type des espèces impériales eut lieu en 1807; le 5 août de cette année, il fut prescrit d'ajouter une couronne de laurier au buste de l'empereur; dans les ateliers monétaires de province, cette addition n'eut lieu toutefois qu'à partir du premier janvier 1808.

Le 15 septembre 1807, un article inséré dans la loi budgétaire ordonna la fabrication de pièces de billon de 10 *centimes* au titre de deux millièmes de fin et du poids de 2 grammes. Leur type, spécifié dans la loi, se compose d'un N surmonté d'une couronne impériale; deux branches de laurier tiennent lieu de légende; au revers sont gravés la valeur de la pièce, le millésime, les différents monétaires et la légende: NAPOLÉON EMPEREUR. La première émission eut lieu en 1808, la dernière en 1810.

Nous avons vu plus haut la substitution des mots NAPOLÉON EMPEREUR aux mots BONAPARTE PREMIER CONSUL décrétée en 1804. Depuis cette époque, le revers des monnaies d'or et d'argent avait conservé la légende : RÉPUBLIQUE FRANÇAISE. Ce dernier souvenir de la période républicaine disparut en 1808. Un décret du 22 octobre de cette année ordonna de placer au revers des espèces les mots: EMPIRE FRANÇAIS.

Aux ateliers monétaires de la République vinrent se joindre, sous l'Empire, trois officines nouvelles situées dans des pays annexés par Napoléon I : Rome, qui eut pour différent un R couronné et qui travailla du 25 avril 1812 au 18 décembre 1813, Gênes, qui eut pour marque CC et CL et qui ouvra du 1er avril 1813 au 13 avril 1814, enfin Utrecht, qui marqua ses produits d'un mât et qui fournit du numéraire impérial du 30 novembre 1812 au 13 novembre 1813.

A la numismatique du premier Empire se rattachent les monnaies frappées par Napoléon I comme roi d'Italie, celles qui furent émises dans les états éphémères que l'empereur distribua à ses parents et à ses généraux, enfin les pièces obsidionales. Le lecteur trouvera ces divers monnayages à leur place géographique, mais nous devons mentionner ici les pièces de nécessité frappées dans les villes faisant partie intégrante du territoire de l'empire français. Ces villes sont au nombre de quatre : Zara et Cattaro, situées sur la rive orientale de l'Adriatique, dans les pays annexés en 1809 à l'empire français sous le nom de provinces illyriennes, puis Anvers et Strasbourg.

Zara avait été prise en 1813 par une armée française et immédiatement déclarée en état de siège. Afin de pourvoir aux premiers besoins, le baron Rouarze, général de brigade, confisqua l'argenterie des corporations religieuses et fit frapper des monnaies des trois valeurs suivantes: *once* d'argent ou pièce de 4 fr. 60, pièce de 2 *onces* ou de 9 fr. 20, pièce de 4 *onces* ou de 18 fr. 40. Ces monnaies furent mises en circulation par arrêté du 1er octobre 1813. Les pièces sont rondes; elles portent à l'avers l'empreinte de l'aigle impériale, le nom de ZARA et le millésime; au revers un poinçon central indique la valeur et le poids, trois poinçons latéraux sont les marques particulières de trois orfèvres requis pour garantir le poids et le titre.

Cattaro eut à soutenir en 1813 un siège contre les Monténégrins et les Anglais; le commandant Gautier, qui défendait la ville, fit couler des monnaies d'argent. Elles ont le type en creux et sont d'une fabrication très grossière; elles valaient 10 francs, 5 francs et 1 franc (fig. 368).

Strasbourg était bloquée par les Alliés en 1814. Le 18 mars de cette année, le comte Roederer décida la fabrication, à la Monnaie de cette

Fig. 368 Fig. 369

ville, de *décimes* en cuivre portant à l'avers un N dans une couronne de chêne et au revers les mots: UN DÉCIME 1814, et le différent de l'atelier, en quatre lignes, dans une couronne de chêne.

Anvers se trouva bloquée dans des conditions analogues. Le 10 mars 1814, le général de division Carnot, gouverneur de la place, décida la fabrication de pièces de 5 *centimes* (fig. 369). Un arrêté du 16 mai suivant ordonna l'émission de pièces de 10 *centimes* au même type. J.-P. Wolschot, fondeur de la marine à l'arsenal, fut chargé de l'exécution de ces monnaies obsidionales.

§ III. — *De la première restauration à la conclusion de l'Union monétaire latine* (1814-66).

Louis XVIII, 1re restauration. — Le 10 mai 1814, le roi Louis XVIII signa une ordonnance modifiant le type des monnaies : « La pièce de 5 francs aura d'un côté l'écu de France suivant le modèle annexé aux présentes, au bas, le millésime, et autour, ces mots : PIÈCE DE CINQ FRANCS; de l'autre côté, notre effigie, et autour, ces mots : LOUIS XVIII, ROI DE FRANCE; dans la virole : DOMINE FAC SALVUM REGEM. Le type sera le même pour les pièces d'or et les pièces d'argent au-dessous de 5 francs, sans autre changement que l'expression de leur valeur. » Le roi est représenté en buste, les cheveux longs noués, le buste habillé et revêtu des insignes de l'ordre du Saint-Esprit. Sur l'or le buste est tourné à droite, sur l'argent à gauche. Les coins sont gravés par Tiolier. Le 2 août 1814, le roi ouvrit un concours pour la gravure de nouveaux coins monétaires. A Anvers et à Strasbourg, toujours en état de blocus, l'émission des monnaies obsidionales continua, mais on substitua, sur les coins, l'initiale de Louis XVIII à celle de Napoléon I.

Retour de Napoléon I. — Le retour de Napoléon I de l'île d'Elbe (20 mars 1815) fit reprendre les coins impériaux employés depuis 1809 pour la fabrication des pièces de 20 francs et de 5 francs. Pour la pièce de 2 francs, il y eut un coin nouveau présentant de légères différences quant à l'aspect de l'effigie ; l'atelier de Paris fut le seul qui émit des pièces de cette valeur. A Strasbourg, les décimes obsidionaux reprirent l'initiale de Napoléon I.

Louis XVIII, 2e restauration. — Pendant les Cent jours, Louis XVIII s'était retiré à Gand. Il existe des pièces de 20 francs à son effigie frappées en 1815 qui se distinguent par l'absence, sous le buste, de la signature du graveur Tiolier et la présence, au revers, aux côtés du millésime, d'un R et d'un lis comme différents. Nous ignorons où ces pièces ont été frappées. Quelques auteurs affirment, sans apporter la moindre preuve à l'appui de leur allégation, qu'elles ont été faites à Gand ; mais cette ville ne possédait pas l'outillage mécanique indispensable à une fabrication de cette nature. Il est infiniment plus probable que ces monnaies furent frappées en Angleterre.

Après le retour de Louis XVIII en France, l'émission des espèces à son effigie recommença dans les ateliers du royaume. Le concours ouvert en 1814 pour la gravure de nouveaux coins avait abouti à l'adoption des poinçons de Michaut. Le 9 décembre 1815, le roi ordonna que les nouveaux types seraient substitués aux anciens à dater du premier janvier suivant. Les monnaies portèrent désormais, non plus le buste, mais la tête de Louis XVIII. La légende du revers est supprimée; l'écu de France, placé entre deux branches de laurier, n'y est accompagné que d'une brève indication de valeur, du millésime et des différents de l'atelier et du maître.

Le 11 septembre 1816, Tiolier fils fut nommé graveur général des monnaies en remplacement de son père. Le 19 mars 1817, le roi ordonna de frapper des *quarts de franc*; leur type ne différa de celui des autres pièces d'argent que par l'omission des deux branches de laurier aux côtés de l'écu.

Charles X (1824-1830). — Le 10 décembre 1824, un arrêté ministériel institua un concours de gravure pour le type des monnaies du nouveau roi. Le projet de Michaut sortit vainqueur de cette nouvelle épreuve. Le 1er mai 1825 parut une ordonnance royale dont voici les termes :

« ART. Ier. A dater du 20 mai prochain, dans notre Hôtel des Monnaies de Paris, et, à dater du 1er juillet suivant, dans nos autres Hôtels des Monnaies, les monnaies d'or et d'argent seront frappées à notre effigie et porteront pour légende ces mots : CHARLES X ROI DE FRANCE. Le type actuel du revers des pièces d'or et d'argent, ainsi que la légende du cordon, sont conservés. — ART. II. Quatre millions de francs, dans les diverses pièces de monnaie, seront frappés à notre effigie avec le millésime de 1824. »

Le 8 avril 1830, le roi ordonna qu'il serait fait à Paris des essais de monnayage par le procédé de la virole brisée et de la virole cannelée. « Ces essais auront lieu, dit l'ordonnance, pour la virole brisée, sur la pièce d'or de 40 francs et sur celle de 5 francs en argent, lesquelles porteront en relief sur la tranche : DOMINE SALVUM FAC REGEM. Les pièces d'or de 20 francs et celles d'un franc en argent seront cordonnées par une virole cannelée. Les espèces provenant de ces essais seront mises en circulation. » L'ensemble des émissions du règne de Charles X comprit en or : des pièces de 40 et de 20 francs, en argent : des pièces de 5, 2 et 1 franc, d'un demi-franc et d'un quart de franc. Il n'y eut aucune fabrication de monnaies de billon ni de bronze.

Louis-Philippe I (1830-1848). — Le 17 août 1830, le roi Louis-Philippe signa l'ordonnance qui fixait en ces termes le type de ses monnaies : « Les monnaies d'or et d'argent seront gravées à notre effigie et porteront pour légende ces mots : LOUIS PHILIPPE I ROI DES FRANÇAIS. Le revers portera une couronne formée d'une branche d'olivier et d'une branche de laurier, au milieu de laquelle seront inscrites la valeur de la pièce et l'année de la fabrication. La tranche des pièces de 40, 20 et 5 francs portera ces mots : DIEU PROTÈGE LA FRANCE. Les pièces de 2 francs, d'un franc, de cinquante et de vingt-cinq centimes seront frappées en virole cannelée. »

Sur les premières pièces de 5 francs mises en circulation on omit, par erreur, le chiffre Ier après le nom du roi. Le 9 novembre 1830, le roi écrivit à la Monnaie pour faire au plus tôt réparer cette omission.

Le 8 novembre 1830 une ordonnance royale créa deux pièces d'or nouvelles : celle de *cent francs*, du poids de 32 gr. 2580, et celle de *dix francs*, du poids de 3 gr. 2258. Le même jour, le roi ouvrit un concours pour la gravure du coin des espèces d'or et d'argent; le prix de ce concours fut décerné au graveur Domard, dont le poinçon « à la grosse tête laurée » servit aux monnaies de Louis-Philippe jusqu'à la révolution de 1848.

Le 24 mars 1832, l'ancienne Monnaie des Médailles, dont l'administration était restée indépendante, fut mise sous l'autorité de la Commission des Monnaies. Le 16 novembre 1837, les ateliers provinciaux de Bayonne, Perpignan, Toulouse, Nantes, Limoges et La Rochelle furent supprimés. Il n'y eut donc plus que sept ateliers dans le royaume: Paris, Marseille, Rouen, Strasbourg, Lyon, Bordeaux et Lille; les ateliers de Marseille et de Lyon furent fermés temporairement en 1841.

En 1845, les pièces divisionnaires d'un demi-franc et d'un quart de franc reçurent l'indication de valeur de 50 et 25 centimes. Aucune monnaie de bronze ne fut frappée sous le règne de Louis-Philippe, mais le gouvernement préparait une refonte générale des pièces de bronze en circulation, quand la révolution de 1848 vint arrêter les projets, auxquels se rattachent de nombreux essais.

Deuxième République (1848-1851). — Un décret en date du 3 mai 1848 du gouvernement provisoire mit fin au monnayage de Louis-Philippe et fixa le système monétaire de la République. En voici les principales dispositions :

ART. Ier. *Les monnaies d'or, d'argent et de cuivre seront gravées au type de la République et porteront pour légende ces mots :* RÉPUBLIQUE FRANÇAISE. *Sur le revers seront gravées d'une manière apparente, au milieu d'un encadrement de feuilles de chêne et d'olivier, la valeur de la pièce et l'année de la fabrication.* — ART. II. *Les monnaies nationales sont, 1° pour l'or : les pièces de 40, 20 et 10 francs; 2° pour l'argent : les pièces de 5, 2, 1 fr., 50 et 20 centimes; 3° pour le cuivre : les pièces de 10, 5, 2 centimes et un centime..... La tranche des pièces de 40, 20 et 5 francs portera ces mots :* DIEU PROTÈGE LA FRANCE, *en relief. Les pièces de 10 francs en or, de 2 et 1 franc, cinquante et vingt centimes seront frappées en virole cannelée. La tranche des monnaies de cuivre sera unie.* »

Le même jour, un décret du gouvernement provisoire ouvrit un concours pour la gravure des coins. Ce concours porta sur la pièce d'or de 20 francs, la pièce d'argent de 5 francs et la pièce de cuivre de 10 centimes. Le type devait affecter un caractère différent pour chaque métal. Un délai de trois mois était accordé pour la remise des projets. Trente et un artistes participèrent au concours, pour lequel les prix suivants furent décernés: Barre, trois accessits pour l'or, l'argent et le cuivre; Domard, accessit pour l'argent, prix pour le cuivre; Merley, qui n'avait concouru que pour l'or, eut le prix; Oudiné, prix pour l'argent, accessits pour l'or et le cuivre. Un troisième décret du gouvernement provisoire, également daté du 3 mai 1848, ordonna la refonte générale des monnaies de cuivre, de métal de cloche et de bronze, et la fabrication d'une monnaie de cuivre nouvelle au type de la République.

En attendant le résultat du concours, le monnayage commença avec d'anciens types de la première République dus à Dupré. Pour l'or, on prit le Génie écrivant sur les tables de la Constitution; pour l'argent, l'Hercule debout entre la Liberté et l'Égalité; pour le cuivre, la tête de la République coiffée du bonnet phrygien. On frappa ainsi en 1848 et 1849 des pièces de 20 francs, en 1848 et au commencement de 1849 des pièces de 5 francs, enfin de 1848 à 1851 des pièces d'un centime.

A partir de 1849, on émit des pièces de 20 francs au type définitif, la tête de la République couronnée d'épis, de Merley; l'année suivante on commença la fabrication des pièces de 10 francs. Pour l'argent on frappa, à partir de 1849, toutes les pièces prévues dans le décret de 1848, au type de la tête de République d'Oudiné. Il est à remarquer que le *quart de franc* frappé sous les gouvernements antérieurs avait été remplacé par la pièce de 20 *centimes*, plus conforme au système décimal. Ni la pièce d'or de 40 francs, ni les monnaies de cuivre autres que la pièce d'*un centime*, ne furent frappées.

Louis-Napoléon, président (1851-1852). — Le 3 janvier 1852 le prince-président fit paraître le décret suivant : « Les monnaies d'or, d'argent et de bronze porteront sur la face l'effigie du président de la République et, en légende : LOUIS NAPOLÉON BONAPARTE. Sur le revers seront gravés les mots : RÉPUBLIQUE FRANÇAISE et, au milieu d'un encadrement de feuilles de chêne et de laurier, la valeur de la pièce et l'année de la fabrication ». La refonte générale des monnaies de cuivre, qui avait préoccupé les esprits dans les dernières années du règne de Louis-Philippe, fut enfin décidée par la loi du 6 mai 1852. Cette loi ordonna la fabrication de pièces d'*un, deux, cinq* et *dix centimes* (fig. 370) composées de 95 centièmes de cuivre, de 4 centièmes d'étain et d'un centième de zinc, et pesant respectivement 1, 2, 5 et 10 grammes.

Fig. 370

Napoléon III, jusqu'à la création de l'Union monétaire latine (1852-65). — Le 2 décembre 1852, Napoléon III signa un décret portant : « A l'avenir, les monnaies d'or, d'argent et de bronze seront frappées à l'effigie de l'Empereur. Elles porteront d'un côté la légende : NAPOLÉON III EMPEREUR, et de l'autre ces mots : EMPIRE FRANÇAIS. » Les types ne subirent donc aucune modification.

Le 12 janvier 1854, il fut décidé que le diamètre des pièces d'or de 10 francs, qui était de 18 millimètres, serait à l'avenir de 17 millimètres. Le même décret ordonna la fabrication de pièces d'or de 5 *francs,* taillées à 625 au kilogramme, au poids de 1 gr. 6129 et au diamètre de 14 millimètres. Par décret du 16 juillet 1854, il fut décidé que les pièces d'or de 5 francs seraient frappées dorénavant en virole cannelée.

Le 12 décembre 1854, un décret impérial décida ce qui suit :

« ART. 1er. *Il ne sera plus fabriqué de pièces de 40 francs.* — ART. 2. *Indépendamment des pièces d'or de 20, 10 et 5 francs, il en sera fabriqué à l'avenir de la valeur de cent francs et de cinquante francs.* — ART. 3. *La pièce de 100 francs sera à la taille de 131 pièces au kilogramme... et au poids droit de 32 gr. 2590. La pièce de 50 francs sera à la taille de 62 pièces au kilogramme... et au poids droit de 16 gr. 1290.* — ART. 5. *Les pièces auront, sur la face, l'effigie de l'empereur avec ces mots :* NAPOLÉON III EMPEREUR DES FRANÇAIS *et, sur le revers, les armes impériales avec ces mots :* EMPIRE FRANÇAIS. *La tranche portera en relief :* DIEU PROTÈGE LA FRANCE ».

Le 7 avril 1855, une nouvelle modification fut apportée au diamètre des pièces d'or de 10 francs et de 5 francs ; le diamètre des premières fut fixé à 19 millimètres ; celui des pièces de 5 francs, à 17 millimètres.

Après la campagne d'Italie, le graveur de la Monnaie, Albert Barre, présenta de nouveaux coins, dus à son burin, à l'effigie de Napoléon III ceinte d'une couronne de laurier. En vertu d'une décision du ministre des finances, en date du 31 octobre 1860, cette modification de type fut définitivement adoptée.

Le 25 mai 1864, l'Empereur promulgua une loi relative à la fabrication de nouvelles pièces d'argent de *cinquante* et de *vingt centimes*, au titre de 835 millièmes. Ces monnaies devaient porter à l'avers la tête *laurée* de Napoléon III et au revers la couronne impériale avec l'indication de la valeur et l'année de la fabrication. Cette fabrication constitue le dernier fait monétaire intéressant avant la constitution de l'Union monétaire latine.

§ IV. — *Le monnayage francais depuis la conclusion de l'Union monétaire latine* (1866-99).

Fin du règne de Napoléon III. — Le 23 décembre 1865, la France, la Belgique, l'Italie et la Suisse conclurent la convention monétaire connue sous le nom d'*Union monétaire latine.* La convention fut sanctionnée le 27 juin 1866 par le Corps législatif et le 6 juillet suivant par le Sénat, et promulguée le 14 juillet par l'Empereur. Elle reçut sa pleine et entière exécution à partir du 1er août 1866. Voici les articles principaux de cet acte, l'un des plus importants de l'histoire monétaire internationale au XIXe siècle :

ART. 1er. *La France, l'Italie, la Belgique et la Suisse sont constituées à l'état d'Union pour ce qui regarde le poids, le titre, le module et le cours de leurs espèces monnayées d'or et d'argent. Il n'est rien innové, quant à présent, dans la législation relative à la monnaie de billon, pour chacun des États.*

ART. II. *Les Hautes Parties contractantes s'engagent à ne fabriquer ou laisser fabriquer à leur empreinte dans d'autres types que ceux des pièces de 100 francs, de 50 francs, de 20 francs, de 10 francs et de 5 francs déterminés, quant au poids, au titre et au diamètre, ainsi qu'il suit :*

NATURE DES PIÈCES	POIDS DROIT	TOLÉRANCE DE POIDS	TITRE DROIT	TOLÉRANCE DE TITRE	DIAMÈTRE
Pièce d'or de 100 fr.	32 gr. 258,06	1 millième	900 millièmes	2 millièmes	35 millimètres
— 50 fr.	16 gr. 129,03				28 —
— 20 fr.	6 gr. 451,61	2 millièmes			21 —
— 10 fr.	3 gr. 225,80				19 —
— 5 fr.	1 gr. 612,90	3 millièmes			17 —

Elles admettront sans distinction, dans leurs caisses publiques, les pièces d'or fabriquées sous les conditions qui précèdent, dans l'un ou l'autre des quatre États...

ART. 3. — *Les gouvernements contractants s'obligent à ne fabriquer ou laisser fabriquer de pièces d'argent de cinq francs que dans les poids, titre, tolérance et diamètre déterminés ci-après :* Poids droit : 25 gr., tolérance de poids : 3 millièmes, titre droit : 900 millièmes, tolérance du titre : 2 millièmes, diamètre : 37 millimètres. *Ils recevront réciproquement lesdites pièces dans leurs caisses publiques...*

ART. 4. — *Les Hautes Parties contractantes ne fabriqueront désormais de pièces d'argent de deux francs, de un franc, de cinquante centimes et de vingt centimes, que dans les conditions de poids, de titre, de tolérance et de diamètre déterminés ci-après :*

NATURE DES PIÈCES	POIDS DROIT	TOLÉRANCE DE POIDS	TITRE DROIT	TOLÉRANCE DE TITRE	DIAMÈTRE
Pièce d'argent de 2 fr. »	10 gr. »	5 millièmes	835 millièmes	3 millièmes	27 millimètres
— 1 fr. »	5 gr. »				23 —
— 0 fr. 50	2 gr. 50	7 millièmes			18 —
— 0 fr. 20	1 gr. »	10 millièmes			16 —

ART. 9. *Les Hautes Parties contractantes ne pourront émettre des pièces d'argent de deux francs, de un franc, de cinquante centimes et de vingt centimes... que pour une valeur correspondant à six francs par habitant.*

ART. 12. *Le droit d'accession à la présente convention est réservé à tout autre État qui en accepterait les obligations et qui adopterait le système monétaire de l'Union, en ce qui concerne les pièces d'or et d'argent.*

ART. 14. *La présente convention restera en vigueur jusqu'au 1er janvier 1880. Si un an avant ce terme elle n'a pas été dénoncée, elle demeurera obligatoire de plein droit pendant une nouvelle période de quinze années, et ainsi de suite de quinze ans en quinze ans, à défaut de dénonciation.*

La loi du 14 juillet 1866, en même temps qu'elle ratifiait l'Union monétaire latine, décidait l'émission des monnaies divisionnaires d'argent dans les conditions prévues par cette convention internationale. Toutes ces pièces portent la tête laurée de Napoléon III (fig. 371).

En 1868, la Grèce demanda son accession à l'Union monétaire latine; la demande fut acceptée par la France par décret impérial du 4 décembre 1868. Ce décret est la dernière mesure intéressante prise par le gouvernement impérial en matière de monnayage. Depuis 1860, les seuls ateliers monétaires en activité en France étaient ceux de Paris, de Strasbourg et de Bordeaux.

Fig. 371

Troisième République. — Trois jours après la proclamation de la République, une décision ministérielle du 7 septembre 1870 ordonna de frapper dorénavant les monnaies au type de la République [1]. On reprit d'abord, pour l'avers des espèces, les coins créés en 1848 par Oudiné, au buste de la République coiffé d'épis, et on y joignit pour le revers, dans le désarroi du moment, tant dans l'atelier de Paris que dans celui de Bordeaux, les coins de Domard (couronne de laurier et d'olivier, sans légende circulaire) qui avaient été gravés pour les pièces de Louis-Philippe. Peu de jours après on substitua à ce coin de Domard le véritable revers des pièces d'Oudiné portant : LIBERTÉ, ÉGALITÉ, FRATERNITÉ en légende. Dès le début de 1871, on reprit pour la pièce de 5 francs le type d'Hercule s'appuyant sur la Liberté et la Force, créé par Dupré sous la première République, mais on fit subir aux coins quelques modifications de détail dont la plus sensible fut la substitution de la devise : LIBERTÉ, ÉGALITÉ, FRATERNITÉ aux mots : UNION FORCE.

Pendant la révolution communaliste, la monnaie de Paris fut occupée par les insurgés et, le 10 avril 1871, la direction de l'établissement fut confiée au citoyen Camélinat. Les seules monnaies émises par la Commune sont des pièces de 5 francs au type d'Hercule; elles se distinguent de celles qui furent frappées par le gouvernement régulier par la présence d'un petit trident au lieu d'une abeille, comme différent du directeur. Le monnayage communaliste prit fin dans les premiers jours de mai; il comprit pour environ 1,282,050 francs de pièces de 5 francs, dont une

1. Pendant la guerre franco-allemande, de nombreuses villes et administrations émirent des bons-monnaie de papier pour subvenir aux besoins de la circulation. Ces bons sortent du cadre de ce livre. On pourra consulter, pour ce qui les concerne, un intéressant travail de M. Fabre dans l'*Annuaire de la Société française de numismatique* de 1896.

grande partie fut fondue après l'occupation de Paris par le gouvernement de M. Thiers.

Voici le relevé des pièces frappées par le gouvernement français, depuis la chute de la commune jusqu'à la fin de 1897; nous les classons par métaux et, dans chaque métal, par ordre chronologique d'apparition :

Monnaies d'or.

Pièce de 20 francs, frappée pour la première fois en 1871.
Pièce de 50 francs, *Pièce de 100 francs*, frappées pour la première fois en 1878.
Le type adopté fut celui du Génie écrivant sur les tables de la loi, créé par Augustin Dupré pour le revers des monnaies constitutionnelles de Louis XVI ; le coin a toutefois subi quelques légères modifications.

Pièce de 10 francs, frappée en petite quantité en 1889 et 1895. Le type adopté fut le coin de Merley de la République de 1848 : tête de République couronnée d'épis.

Monnaies d'argent.

Pièce de 5 francs. Nous avons dit plus haut quelles furent les modifications successives de son type. La fabrication des pièces de 5 francs est complètement arrêtée depuis la fin de 1878.

Pièce de 2 francs, frappée dès septembre 1870.

Pièce de 1 franc, frappée pour la première fois en 1871.

Pièce de 50 centimes, frappée pour la première fois en 1871.

Pièce de 20 centimes, frappée, seulement en 1889, pour l'Exposition internationale de Paris, à 100 exemplaires.

Le type des monnaies divisionnaires d'argent est celui de la tête de la République, couronnée d'épis, coins d'Oudiné créés en 1848.

Monnaies de bronze.

Pièce de 10 centimes, frappée dès septembre 1870.

Pièce de 5 centimes, frappée pour la première fois en 1871.

Pièce de 2 centimes, frappée pour la première fois en 1877.

Pièce de 1 centime, frappée pour la première fois en 1872.

Le type des monnaies de bronze est une tête de République, couronnée d'épis, également due à Oudiné (fig. 372).

Fig. 372

Pendant cette même période furent prises quelques mesures législatives ou administratives qui ont la monnaie pour objet. Des conventions additionnelles entre les états de l'Union monétaire latine, provoquées par la baisse constante de la valeur de l'argent, sont venues limiter, puis suspendre la frappe des pièces de 5 francs, dont le traité de 1865 avait laissé la frappe libre. Deux décrets, l'un du 25 juin 1871, l'autre du 20 novembre 1879, ont réorganisé successivement l'administration des monnaies et médailles. Depuis 1879, l'atelier monétaire de Paris est seul en activité en France.

A la suite d'une campagne de presse, réclamant la modification des types monétaires et l'adoption d'empreintes qui fussent propres à la troisième République, la direction des Beaux-Arts chargea, en décembre 1895, MM. Chaplain, Roty et Daniel Dupuis de graver de nouveaux coins, le premier pour l'or, le second pour l'argent, le troisième pour le bronze.

Fig. 373

Les premières monnaies nouvelles, les pièces de 50 centimes, ont été mises en circulation en 1897. Les pièces de deux francs et d'un franc (fig. 373), celles de 10, 5, 2 centimes et un centime ont suivi en 1898. Le type créé par M. Roty est une semeuse marchant vers la gauche; son bras gauche retient le sac rempli de grains; de son bras droit elle lance les semences, tandis que l'horizon s'éclaire des premiers rayons du soleil levant. Le champ du revers est occupé par une branche de laurier.

Fig. 374

Sur les monnaies de bronze, M. Daniel Dupuis a conservé, à l'avers, un buste de République coiffée du bonnet phrygien; au revers des pièces de 10 et de 5 centimes (fig. 374), la France assise sur des nuages, tient de la main gauche une branche d'olivier et de la main droite le drapeau national dont elle couvre un petit génie assis à côté d'elle. Les nouvelles monnaies d'or, dues au burin de M. Chaplain, portent à l'avers une tête de République, au revers un coq fièrement campé (fig. 375). Ces nouvelles monnaies ne portent plus ni différent de l'atelier, ni différent du directeur de la fabrication.

Fig. 375

§ V. — *Principauté de Monaco*[1].

Par une ordonnance du 7 mars 1837, le prince Honoré V rétablit l'atelier monétaire de Monaco et décida qu'il y serait frappé des monnaies d'or, d'argent et de cuivre aux mêmes titres et poids que les monnaies françaises. Les seules pièces qui furent fabriquées sont la pièce de 5 *francs* en argent, et les pièces de 10 et 5 *centimes* en cuivre. L'émission de ces monnaies donna lieu à certaines mesures restrictives de la part du gouvernement français. Florestan I, qui succéda en 1841 à son frère Honoré V, ne fit aucune émission, mais son successeur Charles III fit insérer dans le traité conclu le 9 novembre 1865 avec Napoléon III la clause suivante: « *Dans le cas où le prince de Monaco voudrait faire frapper des monnaies, il s'engage à recourir exclusivement à l'Hôtel des Monnaies de Paris, et les monnaies ainsi frappées devront être, quant au module, au titre et à la valeur identiques avec celles de France.* » En 1878, on a frappé à l'effigie de Charles III des pièces de 20 *francs* en or, suivies bientôt de pièces de 100 *francs*. Les coins ont été gravés par Ponscarme. En 1889, Albert I a succédé à son père; des pièces d'or de 100 *francs* à son effigie, gravées par O. Roty, ont été émises en 1891, 1895 et 1896. Ces pièces sont moins destinées à servir de monnaie que de jetons de jeu pour le casino de Monte-Carlo.

1. L. Sudre, *Les monnaies des princes de Monaco*, dans l'*Annuaire de la Société française de numism.*, t. V, 1877, p. 413. — C. Jolivot, *Médailles et monnaies de Monaco*. Monaco, 1885, in-8.

CHAPITRE DEUXIÈME

LA HOLLANDE, LA BELGIQUE

ET LE GRAND-DUCHÉ DE LUXEMBOURG

SOURCES. Cte Maurin de Nahuys, *Histoire numismatique du royaume de Hollande sous le règne de Louis-Napoléon*. Amsterdam, 1858, in-4. — L.-W.-A. Besier, *Munt-Kabinet van's Rijks munt te Utrecht. Catalogus der gouden en zilveren specien geslagen in het tijdvak van het Bataafsch Gemeenebest, het Koningrijk Holland en het fransch Keizerrijk*. Utrecht, 1885, in-8. — M. de Nahuys, *Les monnaies du royaume des Pays-Bas*, dans la *Revue belge de numismatique* de 1889. — R. Serrure, *La monnaie en Belgique*. Verviers, 1882, in-8. — Documents officiels.

§ I. — *Le royaume de Hollande sous Louis-Napoléon* (1806-1810).

En 1805, une commission, formée de membres du gouvernement de la République batave, se rendit à Paris pour demander à l'empereur Napoléon I de donner pour roi à leur pays son avant-dernier frère le prince Louis-Napoléon, connétable de France. La demande fut agréée et Louis-Napoléon fut proclamé roi de Hollande le 5 juin 1806.

Un décret du 26 décembre 1806 ordonna la fabrication de nouvelles monnaies, conformes au système en vigueur en Néerlande et comprenant, en or des pièces de 10 et de 20 *gulden* ou *florins*, en argent des pièces de 2 $\frac{1}{2}$ *florins* ou de 50 *stuivers*, des *florins* et des *demi-florins*. Ce même décret détermine les types, qui devaient comprendre, à l'avers, l'effigie du roi, au revers, les armes du royaume : écartelées au 1er et au 4e au lion de Hollande, au 2e et au 3e à l'aigle de l'empire français. A côté de ces pièces dites *standpenningen* ou monnaies constituant l'étalon légal, on continua l'émission, comme *negotiepenningen* ou monnaie de commerce, des anciens *ducats* d'or et d'argent ; leur type fut modifié par le décret du 11 février 1808. L'avers dut porter dorénavant l'effigie de Louis-Napoléon, mais le revers conserva l'antique image du chevalier armé avec la devise :

EENDRAGT MAAKT MAGT, l'union fait la force. Un nouveau décret du 23 janvier 1809 substitua à ce revers les armes du royaume.

Les dispositions monétaires de Louis-Napoléon restèrent partiellement inexécutées. On ne mit réellement en circulation, sous son règne, que les *ducats* d'or et les pièces d'argent de 50 *stuivers* (fig. 376). Les autres espèces ne furent frappées qu'à titre d'essai.

Le 17 septembre 1806 un décret avait prescrit la suppression de tous les ateliers provinciaux des Pays-Bas et la création à Amsterdam d'une officine nouvelle destinée à centraliser la fabrication du numéraire. Cet

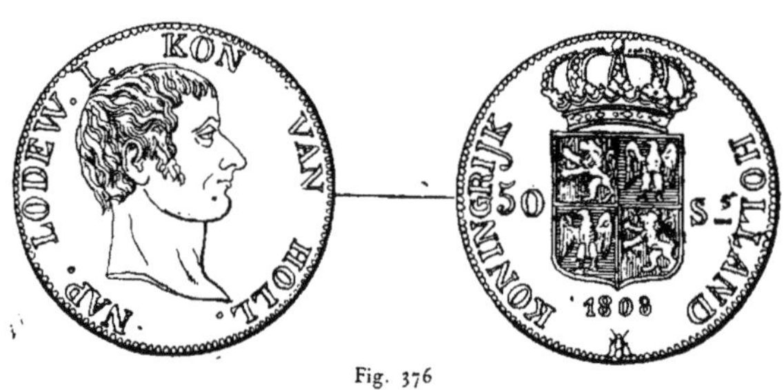

Fig. 376

atelier d'Amsterdam ne fut jamais organisé et la centralisation du monnayage se fit au profit de l'atelier d'Utrecht. Seule l'officine de Hoorn continua en 1807 à émettre des *dutes* de cuivre pour les Indes Orientales.

En 1810, Napoléon I, mécontent de son frère, qui prenait trop à cœur les intérêts de ses sujets, annexa la Hollande à la France. Le système monétaire français fut substitué au système en usage en Néerlande, et l'atelier d'Utrecht forgea jusqu'en 1813 des pièces qui ne se distinguent que par un différent des espèces fabriquées dans les autres ateliers de l'empire.

§ II. — *Royaume des Pays-Bas.*

A la suite du congrès de Vienne, ouvert le 1er novembre 1814, le royaume des Pays-Bas fut formé par la réunion de la Belgique aux provinces septentrionales de la Néerlande. L'acte d'érection du royaume porte la date du 16 décembre 1814; le trône fut déclaré héréditaire dans la maison d'Orange-Nassau :

* Guillaume I, 1815-40.	* Guillaume III, 1849-90.
* Guillaume II, 1840-49.	* Wilhelmine, 1890-

La première loi monétaire du royaume fut promulguée le 28 septembre

1816. Le système eut pour unité l'ancien *florin* (en hollandais : *gulden*), divisé en 100 *cents*; il admettait le double étalon avec un rapport de 15 $\frac{7}{8}$ entre l'or et l'argent. L'échelle des monnaies réelles devait comprendre les pièces suivantes :

En or : *ducats* (monnaie de négoce), *pièce de 10 florins*.
En argent : *triple florin, florin, demi-florin*, pièces de 25, 10 et 5 *cents*.
En bronze : *cent* et *demi-cent*.

Le *florin* d'argent contenait 9 gr. 613 d'argent fin. A la demande des provinces méridionales, le *franc* français fut déclaré monnaie courante et admis dans la circulation pour 47 cents. Par décret royal du 4 octobre 1815, le graveur Michaut, de Paris, avait été nommé médailleur du roi ; un autre décret, du 9 décembre 1816, lui confia la gravure des coins pour les pièces de 10, 3, 1 et un demi-florin, à l'effigie du roi Guillaume I. Les graveurs D. van der Kellen et A.-J. van der Monde firent les coins des pièces d'appoint d'argent et de cuivre ainsi que des *ducats* d'or. Une loi du 22 décembre 1825 ordonna qu'il serait fabriqué, outre les pièces d'or de 10 florins, des pièces d'or de 5 florins, et supprima la circulation des *francs* français comme monnaie légale. En 1826, le graveur Braemt, de Bruxelles, fut chargé de graver les coins de la pièce d'or de 5 florins.

La dépréciation constante de l'or vint modifier le rapport établi par la loi de 1816 entre la valeur de ce métal et celle de l'argent, et fut cause

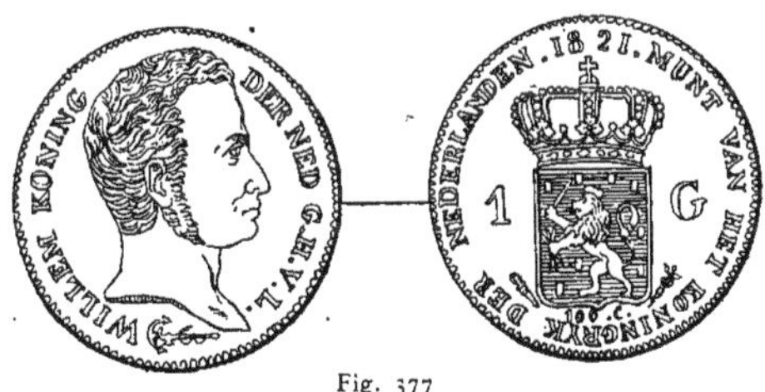

Fig. 377

que la monnaie d'argent tendit à disparaître de la circulation. Afin de remédier à cet inconvénient, une loi du 22 mars 1839 fixa le titre du *florin* à 9 gr. 450 d'argent fin, et le poids de chaque pièce à 10 grammes au lieu de 10 gr. 766; les multiples et les fractions du florin devaient être frappés dans la même proportion. Par cette même loi, la pièce de 3 florins fut remplacée par une pièce de 2 $\frac{1}{2}$ florins. Les coins des pièces de 2 $\frac{1}{2}$ florins et d'un florin à l'effigie de Guillaume I, frappées en vertu de cette disposition législative et portant le millésime de 1840, année de l'abdication de ce roi, sont dus au graveur J.-P. Schouberg.

Le type des monnaies de Guillaume I se compose, pour les pièces d'or de 10 et de 5 florins et pour les pièces d'argent de 3, 2 $\frac{1}{2}$, 1 et $\frac{1}{2}$ florin,

de sa tête nue, tournée à gauche sur l'or, à droite sur l'argent, et, au revers, des armes du royaume[1] accostées de l'indication de la valeur (fig. 377). Les légendes sont : WILLEM KONING DER NED. G. H. V. L. (Guillaume, roi des Pays-Bas, grand-duc de Luxembourg), et : MUNT VAN HET KONINGRYK DER NEDERLANDEN (monnaie du royaume des Pays-Bas). Les pièces divisionnaires d'argent et les monnaies de cuivre portent à l'avers l'initiale W couronnée et le millésime, au revers l'écu du royaume et l'indication de la valeur. Le ducat d'or conserve son type traditionnel du guerrier debout, tenant un faisceau de flèches. Pendant le règne de Guillaume I, deux ateliers fournirent les espèces du royaume des Pays-Bas, celui d'Utrecht, dont la marque était un caducée, et celui de Bruxelles, qui marquait ses produits par un B. L'hôtel monétaire de Bruxelles ne commença ses émissions qu'en 1822; elles furent arrêtées en 1830 par la révolution belge, et, depuis cette époque, Utrecht est l'unique atelier du royaume des Pays-Bas.

L'histoire monétaire du règne de Guillaume II (1840-49) se divise en deux périodes. De 1841 à 1847, les monnaies sont frappées sous le régime des lois existantes. Les types ne subissent d'autre modification que la substitution de la tête du nouveau roi à celle de son père, mais l'image est tournée à droite sur l'or, à gauche sur l'argent. La gravure des coins fut exécutée par D. van der Kellen et Schonberg. La seconde période du règne commence par la loi du 26 novembre 1847, qui établit l'étalon unique d'argent. Les monnaies d'or, considérées comme pièces de négoce, *negotie penningen*, prirent le nom de *guillaumes, doubles guillaumes* et *demi-guillaumes*. Le type des monnaies d'argent d'appoint fut changé et rendu conforme à celui des plus fortes espèces du même métal.

Le règne de Guillaume III (1849-90) fut marqué par le retour au régime du double étalon. Le 3 décembre 1874, la frappe des monnaies d'argent fut suspendue à cause de la baisse de ce métal, et la loi du 6 juin 1875 rétablit le bimétallisme avec un rapport de 1 à 15 $\frac{5}{8}$ et ordonna la frappe de pièces d'or de 5 et de 10 florins. Le type des monnaies de Guillaume III ne présente pas de différences avec celui des pièces de son prédécesseur, à part la substitution d'effigie.

Une loi du 28 mars 1877 vint modifier les menues espèces, en remplaçant le *cent* et le *demi-cent* de cuivre par des pièces de bronze de $\frac{1}{2}$, 1 et 2 $\frac{1}{2}$ *cents*; ce changement avait surtout pour but d'empêcher l'introduction aux Pays-Bas des monnaies de cuivre belges, avec lesquelles

1. *D'azur semé de billettes d'or, au lion du même, armé et lampassé de gueules, brochant sur le tout, sommé d'une couronne royale et tenant dans sa patte dextre une épée d'argent garnie d'or, et, dans sa senestre, un faisceau de flèches d'argent.*

une identité de module rendait la confusion très facile. Les nouvelles monnaies de bronze néerlandaises portent à l'avers un champ armorié au lion national, au revers un grand chiffre indiquant la valeur.

Les monnaies de la reine Wilhelmine, qui succéda à son père en 1890, continuent le système établi, avec la modification de type résultant du changement d'effigie.

§ III. — *Royaume de Belgique.*

La révolution de 1830 vint dissoudre l'union de la Néerlande et de la Belgique. Le 4 juin 1831 le Congrès national belge élut roi Léopold de Saxe-Cobourg sous le nom de Léopold I (1831-65).

Par arrêté royal du 29 décembre 1831, l'administration de l'Hôtel monétaire de Bruxelles fut réorganisée. La loi du 5 juin 1832 fixa le système monétaire en adoptant le système décimal et bimétallique français. Les pièces dont cette loi permet la fabrication sont: en or, des pièces de 40 francs et de 20 francs; en argent, des pièces de 5 fr., de 2 fr., d'un franc, d'un demi-franc et d'un quart de franc; en cuivre, des pièces de 10 centimes, de 5 centimes, de 2 centimes et d'un centime. Les monnaies d'or et d'argent portent au droit la tête laurée du roi, tournée à droite sur l'or, à gauche sur l'argent, avec la légende: LEOPOLD PREMIER ROI DES BELGES; au revers une couronne de chêne entoure l'indication de la valeur et du millésime. Les pièces de 5 francs ont sur la tranche, en creux: DIEU PROTÈGE LA BELGIQUE. Les monnaies de cuivre ont pour type le lion belge assis, tenant les tables de la constitution, et au revers, l'initiale couronnée du roi. Les coins de ces diverses monnaies furent gravés par Braemt. Les pièces d'or ne furent pas mises en circulation; il n'en fut frappé que des exemplaires d'essai.

Fig. 378

La loi du 31 mars 1847 vint considérablement modifier celle de juin 1832. Elle décida l'émission de pièces d'or de 25 fr. (fig. 378) et de 10 fr. On ajouta aux pièces d'argent existantes des pièces de 2 fr. 50. Ces pièces, comme celles de 5 fr., de 2 fr. et de 25 fr., devaient porter sur la tranche l'inscription: DIEU PROTÈGE LA BELGIQUE en relief. Cette partie de la loi ne reçut exécution que pour ce qui regarde les monnaies de 5 fr.; les autres furent frappées en virole cannelée. Le type des espèces d'or et d'argent fut changé. Ces dernières portèrent désormais la tête nue du roi, tournée à

gauche, et au revers l'écusson national[1] entre deux branches de laurier, avec la devise : L'UNION FAIT LA FORCE. Les monnaies d'or eurent la tête nue de Léopold I à droite, et, au revers, les armoiries complètes du royaume avec couronne, pavillon et supports. Les nouveaux coins monétaires furent gravés par Léopold Wiener, lauréat du concours spécial ouvert par arrêté royal du 10 mai 1847.

La loi du 28 décembre 1850 rapporta celle du 31 mars 1847 en ce qui concernait la fabrication de pièces d'or de 25 fr. et de 10 fr. Celle du 1er décembre 1852 décida le remplacement des pièces d'un quart de franc par des pièces en argent de 20 centimes.

En 1853, à l'occasion du mariage du duc de Brabant, aujourd'hui Léopold II, avec Marie-Henriette de Lorraine-Autriche, on frappa des médailles officielles qui eurent cours légal, en or pour 100 fr., en argent pour 5 fr., et en cuivre pour 10 centimes. Ces pièces portent d'un côté la tête du roi, de l'autre les effigies conjuguées du duc et de la duchesse de Brabant. En 1855, à l'occasion du 25e anniversaire de l'inauguration du roi, on fabriqua de nouvelles médailles commémoratives assimilées aux monnaies. Elles ont à l'avers la Déesse de l'Histoire écrivant au-dessus du buste de Léopold I, au revers une inscription, soit française, soit flamande, au milieu du champ. Les pièces d'or valaient 40 fr., les pièces d'argent, 2 fr., les pièces de cuivre, 5 centimes.

Fig. 379

La monnaie d'appoint fut changée par la loi du 20 décembre 1860. On devait dorénavant frapper des pièces de nickel de 5, 10 et 20 centimes. Les coins furent gravés par Braemt. La pièce de 20 centimes porte la tête nue du roi à droite, et le lion belge (fig. 379) ; les pièces de 5 et de 10 centimes portent le lion belge sur champ quadrillé et, au revers, la valeur nominale, se détachant en creux sur un champ quadrillé.

Par la loi du 4 juin 1861, la Belgique en revint pour l'or et l'argent au système monétaire français et au double étalon avec le rapport de 1 à 15 $\frac{1}{2}$. Cette loi autorisa la frappe de pièces d'or de 20 et de 40 fr., en conformité avec celle de 1832, et des pièces d'or de 10 et de 5 fr. aux mêmes poids et dimensions que les monnaies françaises ; elle ne fut toutefois exécutée qu'en ce qui concerne les pièces de 20 fr.

L'avènement de Léopold II ne modifia pas dans ses grandes lignes le

1. *De sable au lion d'or, armé et lampassé de gueules.*

système monétaire belge, mais la loi du 21 juillet 1866 vint consacrer l'entrée de la Belgique dans l'Union monétaire latine et conformer son monnayage aux conditions arrêtées par cet accord international. Les arrêtés royaux du 23 juillet 1866 et du 15 mars 1867 déterminèrent le type des pièces d'argent de 5 fr., de 2 fr., d'un franc et de 50 centimes, et des monnaies d'or de 20 et de 10 fr. pouvant être frappées à l'effigie de Léopold II. Le graveur Léopold Wiener fut chargé de l'exécution des nouveaux coins. Les pièces d'argent ont à l'avers la tête à gauche du roi et la légende LÉOPOLD II ROI DES BELGES (fig. 380), au revers l'écu couronné au lion, entouré de deux branches d'olivier et de la légende : L'UNION FAIT LA FORCE. Les pièces de 5 fr. ont sur la tranche, en relief : DIEU PROTÈGE LA BELGIQUE ; les autres sont frappées en virole cannelée. La pièce d'or de 20 fr. (seule pièce d'or frappée) a la tête du roi à droite, et l'écu du royaume avec manteau et collier d'ordre ; la tranche porte, en relief, la même inscription que les pièces de 5 fr. d'argent. Le type des monnaies de cuivre ne subit aucune modification, sauf le numéro d'ordre qui suit le nom du roi.

Fig. 380

A l'occasion du 50e anniversaire de l'Indépendance nationale, en 1880, on frappa des pièces de 2 fr. et d'un franc portant à l'avers les effigies conjuguées de Léopold I et de Léopold II. Un arrêté royal du 9 juin 1894 a ordonné une nouvelle émission de monnaies de nickel de 5 et de 10 centimes ; le type est le même que celui des pièces de même valeur frappées sous Léopold I. L'arrêté ordonne la frappe de pièces à inscriptions flamandes, concurremment avec la fabrication de monnaies à légendes françaises. On a également frappé en 1886 et 1887 des monnaies divisionnaires d'argent avec légendes en flamand : LEOPOLD II KONING DEP BELGEN, et : EENDRACHT MAAKT MACHT.

§ IV. — *Grand-duché de Luxembourg.*

Une loi du 9 janvier 1852 ordonna la fabrication de monnaies de cuivre pour subvenir à la petite circulation du grand-duché. En conséquence, on fabriqua de 1854 à 1870, tantôt à la Monnaie de Bruxelles, tantôt à celle de Paris, des pièces de 10, 5, et 2 $\frac{1}{2}$ *centimes* portant à l'avers les armes du grand-duché, au revers l'indication de la valeur. Les coins ont été gravés par Barth. Les légendes ne font pas mention du grand-duc régnant, Guillaume III d'Orange-Nassau, roi des Pays-Bas (1840-90).

CHAPITRE TROISIÈME

LA GRANDE-BRETAGNE

ET SES POSSESSIONS EUROPÉENNES

SOURCES : Les sources citées en tête du chapitre quatrième de la 1re partie, p. 98. — *Reports of the Deputy Master of the Mint.* Londres, in-8, 1869 et années suivantes.

§ I. — *La Grande-Bretagne.*

Nous avons arrêté notre exposé de l'histoire monétaire anglaise sous le règne de Georges III (1760-1820), à l'année 1800, au moment où le roi prit le titre de *Britanniarum rex, Fidei defensor.* Le pied monétaire en usage à cette époque datait du milieu du XVIe siècle. La monnaie de compte était la *livre sterling* à 20 *shillings* à 12 *pence,* de sorte qu'il y avait 240 pence à la livre[1]. On tirait 62 shillings d'une livre d'argent au titre de 11 onces 2 pennyweights, et 44 livres sterling 10 shillings d'une livre d'or au titre de 22 carats. Le rapport légal de l'or à l'argent était comme 1 est à $14 \frac{331}{682}$.

Comme monnaies réelles, on avait, en or, des *guinées* ou pièces de 21 shillings, des *demi-guinées* et *tiers de guinées.* Le type des pièces d'or frappées après 1800 se composait de la tête laurée de Georges III à droite ; au revers des *guinées* et *demi-guinées* figuraient les armes du royaume entourées d'une jarretière portant la devise *honi soit qui mal y pense,* et au revers des *tiers de guinées* une couronne. Pour des raisons économiques, la frappe de l'argent avait été suspendue, en 1798, par acte du

1. Le poids dont on se sert en Angleterre pour les métaux précieux est la *livre troy* (*standard troy pound*), qui équivaut à 373 gr. 24. Elle se divise en 12 onces (*ounces,* en abrégé : *oz*), à 20 *pennyweights* (en abrégé : *dwts*) à 24 grains. Pour la détermination du titre, on divise la livre troy en 24 carats à 4 grains, pour l'or, et en 12 onces à 20 pennyweights, pour l'argent.

parlement[1], mais le numéraire en circulation consistait en *couronnes* ou pièces de 5 shillings, *demi-couronnes, shillings* et *six pence,* sans parler des pièces de 4, 3, 2 pence et 1 penny, dites *maundy money,* frappées uniquement pour les distributions faites par le roi aux pauvres à l'occasion du jeudi saint. En cuivre, les monnaies étaient des *pennys, demi-pennys et farthings* ou quarts de penny; leur type comprend l'effigie de Georges III tournée à droite, et, au revers, l'image allégorique de la Britannia assise.

Le 22 juin 1816, une modification notable fut apportée au système monétaire de la Grande-Bretagne, qui, depuis cette époque jusqu'à nos jours, resta à peu près immuable. On décida la création d'une monnaie d'or appelée *sovereign*, valant exactement une livre sterling ou 20 shillings, aux lieu et place des anciennes *guinées*. On établit, au surplus, l'étalon d'or, car seules les monnaies de ce métal devaient, à l'avenir, avoir force libératoire illimitée; l'argent se trouva réduit au rang de monnaie d'appoint. Il fut décidé que de la livre-poids d'or à 22 carats on tirerait 46 $\frac{29}{40}$ *sovereigns*. Le type du *sovereign* consista, à l'avers, en une tête de Georges III, à droite et, au revers, en une image équestre de saint Georges, terrassant le dragon. On frappa également des *demi-sovereigns;* leur revers porte les armes de Grande-Bretagne.

Fig. 381

Pour l'argent, il fut décidé qu'on tirerait, à l'avenir, de la livre-troy 66 shillings au lieu de 62. Sur les couronnes, œuvres particulièrement remarquables du graveur Pistrucci, nous retrouvons le type des *sovereigns*. Les autres monnaies d'argent portent la tête du roi et les armes. Les pièces divisionnaires dites *maundy-money* eurent, au revers, un chiffre arabe indiquant leur valeur.

En 1820, Georges IV succéda à son père. Il mourut en 1830. Le

1. En 1804 la Banque d'Angleterre fut autorisée à frapper des *tokens* d'argent de 5 shillings; puis, de 1811 à 1816, elle émit des pièces de 3 *shillings* et d'un shilling et demi. De nombreuses monnaies d'argent étrangères furent, vers cette même époque, naturalisées anglaises par l'apposition d'une contremarque consistant en la tête du roi Georges III. Ces pièces diverses n'étant pas de véritables monnaies d'état, nous ne faisons que les mentionner. En 1818, l'émission de monnaies particulières fut complètement interdite.

système monétaire ne subit pas de changements. De 1821 à 1825, on frappa en or des *doubles sovereigns* (fig. 381), des *sovereigns* et des *demi-sovereigns*. Le type des premiers comprend la tête du roi tournée à gauche et l'image équestre de saint Georges; sur les *demi-sovereigns*, le saint Georges est remplacé par les armes. A partir de 1826, ces armes prirent uniformément place sur toutes les monnaies d'or.

Le *couronne* d'argent reproduit au revers le type de saint Georges; la *demi-couronne*, le *shilling* et le *six pence* ont les armes, mais il y eut, en ce qui concerne les détails du type, trois émissions différentes; enfin les pièces de *maundy money* portent le chiffre arabe qui en indique la valeur. Les pièces de cuivre conservent la tête du roi et la Britannia assise, comme celles de Georges III.

Le numéraire de Georges IV fut gravé par Pistrucci, William Wyon et Merlen.

A la mort de Georges IV, son frère Guillaume IV (1830-1837) monta sur le trône. Le 22 novembre 1830, un ordre en conseil décida la fabrication d'espèces à l'effigie du nouveau souverain. Le *double sovereign* d'or, la *couronne* et la *demi-couronne* d'argent devaient porter au revers les armes du Royaume-Uni entourées de la Jarretière, ornées du manteau et surmontées de la couronne royale. Le *sovereign* et le *demi-sovereign* devaient porter les mêmes armes sans les ornements accessoires. Le *shilling* et le *six pence* devaient porter leur valeur, inscrite en toutes lettres, au revers, au centre d'une couronne de chêne. Le cuivre reproduisit le type de Georges IV : la Britannia assise. Il y eut aussi l'émission traditionnelle de *maundy money*, faite, comme d'usage, sur l'ordre du lord haut trésorier. Le 3 février 1836, un ordre en conseil créa une pièce d'argent nouvelle: le *four pence* ou *groat*, dont le revers porte la Britannia assise.

Toutes les monnaies de Guillaume IV furent gravées par W. Wyon et J.-B. Merlen.

Victoria succéda en 1837 à son oncle Guillaume IV, décédé sans enfants légitimes. Depuis 1714, le Hanovre se trouvait sous le sceptre des rois d'Angleterre et les armes placées sur les monnaies anglaises portaient l'écu de Hanovre sur l'écartelé d'Angleterre-Écosse-Irlande. L'avènement de la reine Victoria mit fin à cette union personnelle et une proclamation du 26 juillet 1837 annonça que désormais l'écu de Hanovre serait omis sur les monnaies britanniques.

Un ordre en conseil du 8 juin 1838 créa une pièce d'or de 5 livres ou *five pounds*, à côté du *sovereign* et du *demi-sovereign*. La pièce de 5 livres

ne fut toutefois émise qu'à titre d'essai ou *pattern* [1]. Cette monnaie a pour type la tête de la jeune reine à gauche, les cheveux retenus par un bandeau, et au revers, les armes. Pour les *sovereigns*, on reprit toutefois à partir de 1871, l'image équestre de saint Georges.

La *couronne* et la *demi-couronne* portent au revers les armes. Le *shilling*, le *six pence*, le *groat* et la *maundy money* conservent le revers qu'ils avaient sous Guillaume IV. Le cuivre reproduit la Britannia assise ; une pièce nouvelle, le *demi-farthing*, porte dans le champ l'indication de sa valeur en toutes lettres.

En 1848, pour préparer l'introduction en Angleterre d'un système monétaire décimal, le Parlement décida la fabrication de pièces d'argent de 2 shillings ou dixièmes de livre sterling, auxquelles on donna le nom de *florins*. La première émission de ces pièces eut lieu en 1849. Elles ont pour type la tête couronnée de la reine, à gauche, entourée des mots : VICTORIA REGINA ; le revers porte une croix formée de quatre écussons,

Fig. 382

avec la légende circulaire : ONE FLORIN ONE TENTH OF A POUND. Lorsque ces pièces eurent été émises, on s'aperçut qu'on avait oublié de joindre au titre de *regina* les mots *Dei gratia*, et la fabrication des *graceless florins* fut arrêtée.

En 1851 un nouveau *florin* fit son apparition ; le type en est le même qu'en 1849, mais les légendes, conformes cette fois aux exigences du protocole, sont écrites en minuscules gothiques du plus charmant effet décoratif. En 1860, on substitua aux anciennes monnaies de cuivre de nouvelles pièces de bronze d'un *penny*, d'un *demi-penny* et d'un *farthing*. Ces pièces ont à l'avers la tête laurée de Victoria, tournée à gauche, et au revers, la Britannia assise (fig. 382).

1. La série numismatique anglaise est très riche en *essais*. Ce genre de pièces ne peut entrer dans notre cadre et nous devons nous borner à citer, entre tous, la *couronne* d'argent à légendes gothiques frappée en 1847. — On pourra consulter sur les *patterns* anglais le livre spécial de Montagu ou celui de de M. G.-F. Crowther, *A guide to english pattern coins in gold, silver, copper and pewter, from Edward I to Victoria, with their value*.

En 1887, l'Angleterre célébra le jubilé de la reine, pour le cinquantième anniversaire de son avènement. Le type des monnaies d'or et d'argent fut changé à cette occasion. A la tête, toujours jeune, de Victoria, on substitua un buste couronné et drapé, dont les traits, discrètement vieillis, furent plus en rapport avec l'âge réel de la souveraine. On fit aussi une émission de pièces d'or de *cinq livres ;* le revers porta l'image équestre de saint Georges, qui fut reproduite sur le *double sovereign*, le *sovereign* et la *couronne* d'argent. Le *florin* conserva son revers aux quatre écussons couronnés posés en croix, mais aux inscriptions en minuscules gothiques on substitua des capitales ordinaires. Une proclamation du 13 mai 1887 avait créé un *double florin* d'argent; cette monnaie nouvelle ne diffère du *florin* que par le module et le poids.

Un nouveau jubilé, plus solennel encore que le premier, fêta en 1897 la soixantième année du règne de Victoria. L'effigie de la reine fut de nouveau modifiée à cette occasion.

§ II. — *Dépendances et possessions européennes de la Grande-Bretagne.*

a). — *L'Irlande.*

Sous le règne de Georges III, il y eut pour l'Irlande une fabrication de pièces de cuivre, *penny*, *demi-penny* et *farthing*. Elles portent d'un côté le buste à droite du roi, de l'autre la harpe d'Erin sous une couronne [1]. De nouveaux *pennys* et *demi-pennys* furent frappés sous Georges IV, en 1822 et 1823 ; ils ne diffèrent que par l'effigie de ceux de son prédécesseur. Ces monnaies clôturent la série particulière de l'Irlande.

b). — *Ile de Man* [2].

Georges III fit frapper en 1813, pour cette île, des *pennys* et *demi-pennys* de cuivre. L'avers porte la tête du roi ; le revers a l'emblème particulier à l'île de Man, un *triquetrum*, trois jambes attachées à un centre commun, et la légende en creux : QVOCVNQVE IECERIS STABIT.

En 1839, le reine Victoria fit frapper des *pennys*, des *demi-pennys* et des *farthings* de cuivre de types analogues. L'année suivante un acte du

1. La Banque d'Irlande émit de 1804 à 1813 divers *tokens* d'argent, pour assurer la circulation monétaire de l'île. Ces pièces ne rentrent pas dans le cadre de ce traité.

2. Ph. Nelson, *Coinage of the Isle of Man*, dans le *Numismatic chronicle* de 1899.

Parlement décida que seules les monnaies anglaises avaient cours dans l'île de Man.

c). — *Ile de Guernesey.*

Des émissions de monnaies de cuivre furent faites pour Guernesey en 1830, 1834, 1858, 1864, 1868, 1874 et 1885, en pièces de 8, 4, 2 *doubles* et 1 *double*. Le type de ces pièces comprend, d'un côté, l'écu chargé de trois léopards et le mot : GUERNESEY ; de l'autre, l'indication de la valeur et du millésime [1].

d). *Ile de Jersey.*

Sous le règne de Victoria, on fit à plusieurs reprises, depuis 1841, des émissions de monnaies de cuivre, puis, à partir de 1866, de monnaies de bronze, pour l'île de Jersey. Ces pièces portent à l'avers la tête à gauche de la reine, au revers l'écu de Normandie entouré des mots : STATES OF JERSEY et de chiffres indiquant la fraction de shilling que les pièces représentent, d'abord $\frac{1}{13}$, $\frac{1}{26}$ ou $\frac{1}{52}$ de shilling, puis, à partir de 1877, $\frac{1}{12}$, $\frac{1}{24}$ ou $\frac{1}{48}$ de shilling.

e). — *Gibraltar.*

Gibraltar appartient à l'Angleterre depuis 1704. Les seules monnaies frappées pour cette possession datent de 1842 ; ce sont des pièces de cuivre de *deux quarts*, *un quart* et un *demi-quart*, conformes, par conséquent, au système monétaire espagnol. Leur type se compose, d'un côté, du buste de la reine Victoria, de l'autre, d'un château à trois tours crénelées, sous lequel est placé une clef. Une nouvelle émission fut projetée en 1861, mais elle n'est représentée que par des essais.

f). — *Ile de Malte.*

L'île de Malte, conquise en 1800, fut assurée à l'Angleterre par le traité de Paris, en 1814. Sous Georges IV et sous Victoria, on a frappé pour Malte des pièces de cuivre, puis de bronze, d'un *tiers de farthing*. Ces pièces portent à l'avers le buste du roi ou de la reine, et au revers la Britannia assise. Rien, ni dans le type, ni dans les légendes, n'annonce leur destination spéciale.

1. Au commencement de ce siècle la Banque de Guernesey émit des *tokens* d'argent et de cuivre, que nous nous bornons à mentionner.

g). — *Iles Ioniennes.*

Ces îles furent soumises au protectorat de la Grande-Bretagne en 1815. Elles furent cédées à la Grèce en 1864. Le 11 février 1819, le gouvernement britannique ordonna la frappe de monnaies de cuivre de 10 *oboli*, 5 *oboli* et 2 $\frac{1}{2}$ *oboli,* équivalentes au *penny*, au *halfpenny* et au *farthing*. Le 23 août 1834, cette série fut complétée par une pièce d'argent de 30 *oboli* et par un *obolus* de cuivre. Toutes ces pièces portent à l'avers la Britannia assise à droite, tenant son trident, et, au-dessus d'elle, le mot BRITANNIA ; au revers des pièces d'argent figure l'indication de la valeur dans une couronne de chêne et, en légende, ΙΟΝΙΚΟΝ ΚΡΑΤΟΣ, avec le millésime; les pièces de cuivre portent le lion de saint Marc tenant un faisceau chargé d'une croix.

h). — *Ile de Chypre.*

L'île de Chypre fut cédée à l'Angleterre par la Turquie le 4 juin 1878. Des monnaies de bronze d'une *piastre,* d'une *demi-piastre* et d'un *quart de piastre* ont été frappées pour cette possession ; elles portent à l'avers la légende : VICTORIA QUEEN, le buste de la reine couronné, à gauche, et le millésime ; au revers, l'indication de la valeur en chiffres est placée au milieu du champ; la légende se compose de cette même indication en anglais et du mot : CYPRUS. La première émission date de 1880.

CHAPITRE QUATRIÈME

L'ALLEMAGNE

DEPUIS LES GUERRES DE NAPOLÉON I

SOURCES : A. Bonneville, *Encyclopédie monétaire ou nouveau traité des monnaies d'or et d'argent en circulation chez les divers peuples du monde*. Paris, 1849, in-fol. — *Neueste Münzkunde. Abbildung und Beschreibung der jetzt coursirenden Gold-und Silbermünzen*. Leipzig, E. Schäfer, 1853, 2 vol. in-8. — C. Schwalbach, *Dei neuesten deutschen Thaler, Doppelthaler und Doppelgulden*. Leipzig, 1895, in 4, 5e édition. — C. Schwalbach, *Die neuesten deutschen Münzen unter Thalergrösse, vor Einführung der Reichsgelder*. Leipzig, 2e édition, 1895, in-4. — A. Lemale, *Monnaies, poids, mesures et usages commerciaux de tous les états du monde*. Le Havre, 1875, in-8. — A. de Foville, *Administration des monnaies et médailles. Rapports au ministre des finances*. Paris, 1896 et suiv. in-8. — Sources citées dans le cours du chapitre cinquième de la 1re partie, p. 118 et suiv.

§ I. — *Résumé historique, systèmes monétaires, notions générales.*

Le 12 juillet 1806, sur les ruines de l'ancien empire germanique, Napoléon I, vainqueur à Austerlitz, et tenant l'Autriche à sa merci, fonda la *Confédération du Rhin*, dont il se réserva le protectorat. Cette confédération, qui comprit à l'origine les royaumes de Bavière et de Wurtemberg, le grand-duché de Bade, la principauté électorale de Hesse-Darmstadt et plusieurs souverainetés de moindre importance, s'accrut, en 1807, après la paix de Tilsitt, du royaume de Saxe et du royaume, nouvellement créé, de Westphalie, de sorte qu'elle englobait toute l'Allemagne non annexée à l'empire français, sauf la Prusse et l'Autriche.

L'édifice napoléonien s'écroula, en 1813, à la bataille de Leipzig, et, en 1815, le congrès de Vienne reconstitua sur de nouvelles bases la *Confédération germanique*, sous l'hégémonie de l'empereur d'Autriche. La confédération comprenait 39 états, mais des extinctions de dynasties ou des renoncements volontaires à l'exercice de la souveraineté étaient venus en diminuer le nombre, lorsqu'en 1866 la guerre éclata entre la Prusse et l'Autriche soutenue par la majorité des confédérés.

L'Autriche, vaincue à Sadowa, fut exclue du concert germanique. La Prusse s'annexa le Hanovre, la Hesse-Cassel, le Nassau, Francfort-sur-le-Mein et le Schleswig-Holstein ; elle devint le centre d'une nouvelle *Confédération de l'Allemagne du Nord,* tandis que les trois états allemands du Sud, Bavière, Bade et Wurtemberg, furent forcés de s'unir à elle par une alliance offensive et défensive ; cette alliance fut l'objet d'articles secrets. La guerre avec la France amena en 1871 la création de l'*Empire d'Allemagne,* empire fédéral comprenant 25 états dont le roi de Prusse est le chef avec le titre de *Deutscher Kaiser.*

Les événements politiques du commencement du XIXe siècle ne concordent pas avec des modifications dans les systèmes monétaires de l'Allemagne. Sauf dans le royaume éphémère de Westphalie, où eut lieu une tentative, promptement avortée, d'introduction du système décimal et métrique français, les états allemands conservèrent leur monnaie nationale [1], le Sud comptant en *gulden* ou florins, et le Nord en *thalers.* En Prusse, on taillait les espèces sur le *pied de 14 thalers* au marc. Dans le Sud, on était sous le régime du *pied de convention* ou de *20 florins,* qui s'était transformé en 1766 en *pied de 24 florins,* utilisé principalement pour les monnaies divisionnaires. L'émission de celles-ci se multiplia dans des proportions tout à fait anormales durant les guerres de la Révolution et de l'Empire. Vers 1808 s'introduisit aussi dans le Sud un pied dit *kronenthaler fuss,* qui avait pour base le *kronenthaler* de Brabant, frappé à la fin du XVIIIe siècle aux Pays-Bas autrichiens. Le hasard des relations commerciales et la présence des troupes autrichiennes dans les pays rhénans avaient importé cette monnaie en grande quantité en Allemagne, et elle y avait reçu un accueil si favorable que successivement la Bavière, le Wurtemberg, Bade, le Nassau, le grand-duché de Hesse, Saxe-Cobourg et Waldeck se mirent à frapper, sur le modèle des *kronenthaler,* des écus d'argent qui circulaient pour 2 florins 42 kreuzers.

La première modification sérieuse du monnayage, faite en Allemagne dans le sens de l'unification des systèmes, remonte à 1837. Le 25 août de cette année, la Bavière, le Wurtemberg, la Hesse-Darmstadt et la ville libre de Francfort-sur-le-Mein signèrent à Munich une convention monétaire à laquelle adhérèrent, en 1838, la Hesse-Hombourg et les deux principautés de Hohenzollern. Ces pays adoptèrent le pied de $24\frac{1}{2}$ florins ou $24\frac{1}{2}$ *guldenfuss,* suivant lequel 24 florins et demi

1. Voyez p. 130 et suiv.

seraient taillés au *marc monétaire prussien* (233 grammes 855), adopté comme mesure commune. On devait frapper sur ce pied des *florins* ou *vereinsgulden* et des *demi-florins* d'argent, et les divers états contractants se reconnaissaient un droit réciproque de contrôle. Les monnaies divisionnaires, pièces de 6 ou de 3 *kreuzers,* devaient être taillées à raison de 27 florins au marc d'argent fin, chaque état restant libre de choisir la nature et les proportions des autres métaux d'alliage. En mars 1845, un nouveau congrès réunit les représentants des mêmes pays, et l'on décida de retirer de la circulation tous les anciens *kronenthalers,* pour les remplacer par des *doubles-florins* d'argent.

La convention de 1837, qui avait groupé les états de l'Allemagne du Sud, fut le prélude d'un acte d'union plus général, conclu à Dresde le 30 juillet 1838 et ratifié le 7 janvier 1839. Voici la traduction résumée des parties les plus intéressantes de ce document :

Convention monétaire générale des pays confédérés pour la douane et le commerce *(Zollverein)* : royaume de Prusse, royaume de Bavière, royaume de Saxe, royaume de Wurtemberg, grand-duché de Bade, grand-duché de Hesse, principauté électorale de Hesse, grand-duché de Saxe-Weimar-Eisenach, duché de Saxe-Meiningen, duché de Saxe-Altenbourg, duché de Saxe-Cobourg et Gotha, duché de Nassau, principautés de Schwarzbourg-Rudolstadt, de Schwarzbourg-Sondershausen, de Reuss ligne aînée, de Reuss-Schleiz, de Reuss-Lobenstein et Ebersdorf, ville libre de Francfort.

ART. 1er. — Comme base du monnayage, il sera fait usage dans tous les ateliers monétaires d'un seul et même *marc,* dont le poids, déjà conforme à celui qui est usité en Prusse et dans les états de l'Allemagne du Sud, est fixé à 233 gr. 855.

ART. 2. — Sur cette base commune, le monnayage des états contractants sera réglé de manière que, dans les pays où l'on compte par *thalers* et *groschen,* 14 thalers seront tirés du marc d'argent fin, et dans les pays où l'on compte par *florins* et *kreuzers*, 24 $\frac{1}{2}$ florins seront tirés du même marc. Le *thaler* sera ainsi l'équivalent de 1 $\frac{3}{4}$ *florin,* et le *florin* sera l'équivalent de $\frac{4}{7}$ de thaler.

ART. 3. — Les pays suivants useront du compte par *(thaler* 14 *thalerfuss)* : royaumes de Prusse et de Saxe, Hesse Électorale, grand-duché de Saxe-Weimar, duché de Saxe-Altenbourg, duché de Gotha, partie inférieure de la principauté de Schwarzbourg-Rudolstadt et principauté de Schwarzbourg-Sondershausen, pays des diverses lignes de Reuss. Les pays suivants useront du compte par *florins (24 $\frac{1}{2}$ guldenfuss)* : royaumes de Bavière et de Wurtemberg, grands-duchés de Bade et de Hesse, duché de Saxe-Meiningen, principauté de Cobourg, duché de Nassau, partie supérieure de la principauté de Schwarzbourg-Rudolstadt, et ville libre de Francfort. Les pays où il existe d'autres unités de compte se conformeront aux pieds adoptés, au plus tard à partir du 1er janvier 1841.

ART. 4. — Les états contractants ne frapperont que des pièces conformes aux pieds monétaires ci-dessus indiqués. L'adoption de mesures uniformes pour ce qui concerne les émissions est laissée à la décision de chaque groupe d'états.

ART. 7. — Pour faciliter les relations entre les deux groupes d'états, on frappera une monnaie d'argent, la plus forte en ce métal, s'appliquant à la fois aux deux systèmes de compte. Cette monnaie d'alliance, *vereinsmünze,* sera frappée à raison de sept pièces au marc fin, de sorte qu'elle vaudra à la fois 2 thalers et 3 $\frac{1}{2}$ florins. Elle sera reçue pour cette valeur dans toutes les caisses publiques et privées de l'Union.

ART. 8. — Le titre de cette *vereinsmünze* est fixé à neuf dixièmes d'argent et un dixième de cuivre, de sorte que 6 $\frac{3}{10}$ pièces pèseront un marc et que 63 pièces pèseront dix marcs. La tolérance, tant de poids que de titre, sera de 3 millièmes. Le diamètre sera de 41 millimètres. La tranche aura une inscription ou un cordon en creux. Le revers portera l'indication de la quantité d'argent fin renfermée dans chaque pièce (VII EINE FEINE MARK), sa valeur en thalers et en florins (2 THALER, 3 $\frac{1}{2}$ GULDEN) et la désignation explicite de sa qualité de monnaie d'alliance (VEREINSMÜNZE).

ART. 18. — La présente convention durera jusqu'à la fin de l'année 1858, et si à cette date elle n'a pas été dénoncée, elle continuera de cinq ans en cinq ans, par reconduction tacite.

Les pays soumis au *pied de 14 thalers* firent entre eux un accord complémentaire le jour même de la signature de l'acte dont on vient de lire des extraits. Ils convinrent des points suivants: Les monnaies seraient frappées en virole et porteraient en légende la fraction du marc d'argent fin qu'elles représentaient. Les divisions du *thaler* ne consisteraient qu'en sixièmes, tiers et deux-tiers de thaler. Conformément à ce qui existait dans le royaume de Prusse, le diamètre des *thalers* serait de 34 millimètres, celui des sixièmes de thaler, de 23 millimètres. Le titre des thalers serait de 4 parties de cuivre et 12 parties d'argent (12 *löthig*); celui des sixièmes de thaler, de 23 parties de cuivre et 25 parties d'argent (8 $\frac{1}{3}$ *löthig*). La monnaie divisionnaire, *scheidemünze*, serait frappée, à l'avenir, de telle manière que le marc d'argent fin produirait pour 16 thalers de pièces. Cet accord complémentaire devait avoir la même durée que l'acte diplomatique auquel il se rattachait.

Parmi les divers états de l'Allemagne, le Hanovre et le Brunswick avaient déjà établi chez eux, dès 1834, l'équivalence du 20 *guldenfuss* et du 14 *thalerfuss*. D'autres états adhérèrent successivement, soit d'une manière formelle, soit d'une manière tacite, à la convention de 1838. On eut ainsi comme adhérents au *pied de 14 thalers* : les duchés d'Anhalt, les principautés de Waldeck, Lippe-Detmold et Schaumbourg-Lippe, les grands-duchés de Mecklenbourg-Schwerin et Strélitz, et le grand-duché de Luxembourg. La principauté oldenbourgeoise de Birkenfeld se rangea au *pied de* 24 $\frac{1}{2}$ *florins*. A l'exception des villes libres de Hambourg, Lubeck et Brème, du duché de Holstein et de la principauté de Liechtenstein, l'Allemagne entière se trouva ainsi répartie entre les deux groupes formant l'Union.

La convention de 1838 demeura nominalement en vigueur jusqu'à la convention nouvelle faite à Vienne en 1857, à laquelle participèrent non seulement les états allemands du Nord et du Sud, mais encore l'Autriche. La convention de 1857 eut un double but : 1° établir un rapport fixe entre les tailles adoptées par les diverses parties contractantes pour la frappe des pièces nationales; 2° instituer une monnaie, commune à tous les associés, et qui serait en harmonie avec la nouvelle livre de 500 grammes qui venait d'être adoptée par toute l'Union douanière allemande ou *Zollverein*.

Les pays contractants furent classés en trois zones, ayant chacune son unité monétaire, mais dont les rapports étaient assez simples pour que la circulation des nouvelles monnaies pût avoir lieu, sans difficulté, d'un pays à l'autre. L'argent fut adopté comme seul étalon monétaire. Avec une livre de 500 grammes de métal fin, on devait frapper 30 *thalers* dans les états du Nord, 45 *gulden* ou *florins* en Autriche, et 52 florins et demi dans les états allemands du Sud. Les monnaies devaient être au titre de 900 millièmes. Elles se trouvaient dans le rapport suivant :

1 thaler = 1 $\frac{1}{2}$ florin d'Autriche.
1 thaler = 1 $\frac{3}{4}$ florin du Sud.
1 florin d'Autriche = $\frac{2}{3}$ de thaler.
1 florin d'Autriche = 1 $\frac{1}{6}$ florin du Sud.
1 florin du Sud = $\frac{4}{7}$ de thaler.
1 florin du Sud = $\frac{6}{7}$ de thaler.

Indépendamment de ces différentes monnaies, il fut convenu, comme il l'avait été en 1838, que l'on frapperait dans le Sud et en Autriche, sous les noms de *vereinsthaler* et de *doppelvereinsthaler*, thalers et doubles thalers d'Union, des pièces de 1 et de 2 thalers semblables à celles qu'émettaient les états du Nord. Deux thalers correspondaient exactement à trois florins d'Autriche, et quatre thalers faisaient sept florins du Sud. Les plus petites divisions permises des monnaies principales étaient : 1° à la taille de 30 thalers, la pièce de $\frac{1}{6}$ de thaler; 2° à la taille de 45 florins, la pièce de $\frac{1}{4}$ de florin; à la taille de 52 $\frac{1}{2}$ florins, la pièce de $\frac{1}{4}$ de florin. Indépendamment de ces divisions, les états contractants étaient autorisés à frapper, pour leur circulation intérieure, une monnaie de billon et de cuivre.

Bien que l'argent fût l'unique étalon adopté, les états convinrent, pour faciliter les transactions importantes, d'émettre des pièces d'or appelées *couronnes* et *demi-couronnes*. On frappait avec une livre de 500 grammes d'or pur 50 couronnes et 100 demi-couronnes, elles étaient au titre de 900 millièmes, et pesaient par conséquent 11,1111 grammes et 5,5556 grammes. Considérées comme simple marchandise, et ne pouvant avoir cours forcé, ces *couronnes* valurent, dans la pratique, environ 9 thalers 5 silbergroschen dans le Nord, 13 florins 6 kreuzers en Autriche, 16 florins dans le Sud.

Voici quel était, dans la convention de 1857, le groupement des états allemands[1] :

Pays du Nord ayant le compte par thalers. — Royaume de Prusse, à l'exception du territoire de Hohenzollern, royaume de Saxe, royaume de Hanovre, électorat de Hesse, grand-duché de Saxe-Weimar, duché de Saxe-Altenbourg, duché de Saxe-Gotha, duché de Brunswick-Wolfenbuttel, duché d'Oldenbourg avec la principauté de Birkenfeld, duché d'Anhalt-Dessau, duché d'Anhalt-Bernbourg, principauté de Schwarzbourg-Sondershausen, principauté inférieure de Schwarzbourg-Rudolstadt, principauté de Waldeck et Pyrmont, principauté de Reuss (branche aînée), principauté de Reuss (branche cadette), principauté de Schauenbourg-Lippe, principauté de Lippe-Detmold.

Pays du Sud ayant le compte par thalers. — Royaume de Bavière, royaume de Wurtemberg, grand-duché de Bade, grand-duché de Hesse, duché de Saxe-Meiningen, principauté de Saxe-Cobourg, territoire prussien de Hohenzollern, duché de Nassau, principauté supérieure de Schwarzbourg-Rudolstadt, landgraviat de Hesse-Hombourg, ville libre de Francfort-sur-le-Mein.

Les villes libres de Hambourg, Lubeck et Brême, et le duché de Holstein, restèrent étrangers à la convention de 1857 comme à celle de 1838. La principauté de Liechtenstein suivit le régime monétaire de l'Autriche. Par l'article 13 du traité de Prague, conclu en 1866, après la guerre entre la Prusse et l'Autriche, celle-ci déclara s'affranchir des obligations que lui imposait la convention de 1857 et reprit son autonomie monétaire.

Après la guerre franco-allemande et la constitution du nouvel empire d'Allemagne, un nouveau régime monétaire fut adopté par les lois du 4 décembre 1871 et du 9 juillet 1873. Les vingt-cinq états composant l'empire[2] ont le même système, qui repose sur l'étalon unique d'or. Le *reichsmark* ou *mark de l'empire* divisé en 100 *pfennigs* constitue l'unité monétaire[3]. Voici l'échelle des monnaies effectives :

1. Nous consacrons à la numismatique de l'Autriche un chapitre spécial où l'on trouvera les clauses de la convention de 1857 particulières à cet empire.

2. Voici la liste de ces états : royaume de Prusse, royaume de Bavière, royaume de Saxe, royaume de Wurtemberg, grand-duché de Bade, grand-duché de Hesse, grand-duché de Mecklenbourg-Schwerin, grand-duché de Saxe-Weimar-Eisenach, grand-duché de Mecklenbourg-Strélitz, grand-duché d'Oldenbourg, duché de Brunswick, duché de Saxe-Meiningen, duché de Saxe-Altenbourg, duché de Saxe-Cobourg-Gotha, duché d'Anhalt, principauté de Schwarzbourg-Rudolstadt, principauté de Schwarzbourg-Sondershausen, principauté de Waldeck et Pyrmont, principauté de Reuss (ligne aînée), principauté de Reuss (ligne cadette), principauté de Schauenbourg-Lippe, principauté de Lippe-Detmold, ville libre hanséatique de Brême, ville libre hanséatique de Hambourg. L'Alsace-Lorraine forme le *Reichsland* ou Terre d'Empire, et est administrée directement par l'empereur.

3. La loi du 4 décembre 1871 a fixé comme suit le rapport de la nouvelle monnaie

			Diamètre.
En or,	*pièce de 20 marks* pesant 7 gr. 965 au titre de 900 millièmes.		22.5
	pièce de 10 marks pesant 3 gr. 982	—	19.5
	pièce de 5 marks pesant 1 gr. 991	—	17.0
En argent,	*pièce de 5 marks* pesant 27 gr. 777	—	38.0
	pièce de 2 marks pesant 11 gr. 111	—	28.0
	pièce d'un mark pesant 5 gr. 555	—	24.0
	pièce de 50 pfennigs pesant 2 gr. 777	—	20.0
	pièce de 20 pfennigs pesant 1 gr. 111	—	16.0
En nickel,	*pièce de 20 pfennigs* créée par la loi du 1er avril 1886, pesant 6 gr. 250		23.0
	pièce de 10 pfennigs pesant 4 gr.		21.0
	pièce de 5 pfennigs pesant 2 gr. 500		18.0
En bronze,	*pièce de 2 pfennigs* pesant 3 gr. 333		20.0
	pièce d'un pfennig pesant 2 gr.		17.5

Le *mark* faisant le tiers des anciens *thalers*, ceux-ci n'ont été que partiellement refondus ; ils continuent à avoir cours pour 3 *marks*. Le pouvoir libératoire des monnaies d'argent est limité à 20 *marks*.

Le droit de battre monnaie en conformité avec la loi monétaire de l'empire, n'est pas réservé à l'empire, mais appartient aux états qui le composent. Les monnaies doivent toutefois porter d'un côté les armes de l'empire et de l'autre les armes propres aux pays confédérés ou les effigies de leurs souverains.

Les ateliers monétaires de l'Allemagne, depuis la réforme de 1871, sont :

Berlin (Prusse). Différent : A.
Hanovre (Prusse), atelier fermé depuis 1878. Différent : B.
Francfort-sur-le-Mein (Prusse), atelier fermé depuis 1880. Différent : C.
Munich (Bavière).
Müldner Hütte près Dresde (Saxe).
Stuttgart (Wurtemberg).
Carlsruhe (Bade).
Darmstadt (Hesse), atelier fermé depuis 1883.
Hambourg (ville libre).

Les types monétaires allemands du XIXe siècle ne donnent pas lieu à de longues observations. Sauf pour les monnaies commémoratives, *gedenkthaler*, *gedenkdoppelgulden*, ils ne consistent qu'en une effigie de souverain, un monogramme, des armoiries ou une inscription placée dans le champ. Parmi les artistes qui gravèrent les coins, nous citerons

avec les anciennes : 10 marks d'or = $3\frac{1}{3}$ thalers de l'Allemagne du Nord, ou 5 florins 50 kreuzers de l'Allemagne du Sud, ou 8 marks $5\frac{1}{3}$ shillings courants de Hambourg et de Lubeck, ou 3 thalers $\frac{1}{93}$ thalers louis d'or de Brême.

C. Voigt à Munich, Schnitzspan et Rud. Stadelman à Darmstadt, Doel à Carlsruhe, Welckner à Clausthal, A. Dietelbach à Stuttgart, Carl Pfeuffer à Berlin, Brehmer, Helfricht, Balbach, etc.

§ II. — *Monnayage des États allemands.*

Nous avons classé les divers états allemands, qui exercèrent au XIXe siècle le droit de battre monnaie, dans l'ordre alphabétique. Il eût peut-être été plus conforme au plan général de ce *Traité* d'adopter des divisions chronologiques, en rapport avec les diverses phases de l'histoire politique et monétaire de l'Allemagne, mais nous nous serions exposés à des redites continuelles sans grand avantage pour le lecteur.

a) — *Duchés d'Anhalt.*

En 1806, les comtés d'Anhalt-Bernbourg et d'Anhalt-Dessau, en 1807, celui d'Anhalt-Cöthen furent élevés au rang de duchés. Les lignes de Cöthen et de Bernbourg s'éteignirent successivement en 1847 et en 1863, et leurs possessions furent réunies à celles de la ligne de Dessau.

Anhalt-Dessau.	*Anhalt-Bernbourg.*	*Anhalt-Cöthen.*
Léopold-Frédéric-François, 1751-1817.	Alexis-Frédéric-Chrétien, 1796-1834.	Auguste, 1789-1812.
* Léopold-Frédéric, 1817-71.	* Alexandre-Charles, 1834-63.	Louis, 1812-18.
Frédéric, 1871, actuellement régnant.		Ferdinand, 1818-30.
		* Henri, 1830-47.

Au commencement du siècle, le *pied de convention* de 20 florins était le système suivant lequel on monnayait dans les divers duchés d'Anhalt. Depuis 1829, ils avaient adopté le *pied de 14 thalers,* quand, en 1840, ils adhérèrent à la convention de 1838. Le *thaler* se divisait dans les pays d'Anhalt en 24 *groschen* à 12 *pfennige*, mais à partir du 1 juillet 1850, on adopta la division prussienne en 30 *silbergroschen* à 12 *pfennige.* Les ducs d'Anhalt-Bernbourg possédaient des mines d'argent dans le Harz. Alexandre-Charles a fait frapper à diverses reprises des *ausbeutethaler*, dont les légendes : SEGEN DES ANHALT. BERGBAUES, rappellent l'origine. En 1863, Léopold-Frédéric a émis un *thaler* commémoratif de la réunion sous son sceptre des diverses terres d'Anhalt.

b). — *Grand-duché de Bade.*

Le margraviat de Bade fut érigé, en 1803, en principauté électorale, puis, en 1805, en grand-duché.

* Charles-Frédéric, 1738-1811.
* Charles, 1811-18.
* Louis I, 1818-30.
* Léopold, 1830-52.

Louis II, 1852-56.
* Frédéric, * régent, 1852-56, puis * grand-duc, 1856, actuellement régnant.

Le grand-duché de Bade suivait le système dit « de convention ». En 1808 eut lieu une tentative d'introduction du système décimal français, dont il n'est resté d'autres souvenirs que de précieux essais de pièces de 5 francs portant à l'avers la tête laurée de Napoléon I, protecteur de la confédération du Rhin : NAP. KAIS. BESCH. D. RH. BUND.

De 1813 à 1837, on frappa des *kronenthaler* sur le pied de 24 $\frac{1}{2}$ florins au marc de Cologne, le *kronenthaler* valant 2 florins 42 kreuzers. En 1834 et 1836, il y eut des *ausbeutekronenthaler* portant au revers les deux pics de mineurs en sautoir, et les mots : SEGEN DES BADISCHEN BERGBAUES. De 1819 à 1837, les grands-ducs Louis I et Léopold frappèrent des pièces d'or de 10 et de 5 gulden ; à partir de 1828 furent émises des pièces d'or de 10 et 5 thalers, enfin des *ducats* dits *rheingold-ducaten* en or tiré du Rhin.

A partir de 1837, le monnayage de Bade fut conforme aux conventions qui régirent les états de l'Allemagne du Sud. L'atelier monétaire du grand-duché est à Carlsruhe.

c). — *Royaume de Bavière.*

En 1806, la Bavière fut érigée en royaume, et l'électeur Maximilien-Joseph prit le nom de Maximilien I.

Fig. 383

* Maximilien I, 1806-25.
* Louis I, 1825-48.
* Maximilien II, 1848-64.
* Othon, 1886, actuellement régnant.
* Louis II, 1864-86.

Le monnayage bavarois antérieur à 1837 a beaucoup d'analogie avec celui du grand-duché de Bade; depuis cette époque, il est conforme aux conventions que nous avons exposées dans le premier paragraphe de ce chapitre. La série des *thalers* et des *doppelgulden* présente un intérêt historique tout particulier, par suite de la fabrication d'un grand nombre de pièces commémoratives connues sous le nom de *geschichtsthaler*. En 1818, Maximilien I fit frapper un *conventionsthaler* rappelant par son type symbolique et ses légendes la mise en vigueur de la nouvelle constitution. A partir de Louis I, les monnaies historiques se multiplièrent; tous les événements notables sont ainsi célébrés :

1825. Avènement au trône de Louis I.

1826. L'Université transférée à Munich. — Reichenbach et Fraunhofer honorés.

1827. Union douanière avec le Wurtemberg. — Création de l'ordre de chevalerie le Ludwig Orden. — Création de l'ordre de chevalerie le Theresien Orden.

1828. La famille royale : SEGEN DES HIMMELS, etc. — Érection et inauguration de la colonne de la Constitution.

1829. Entente commerciale avec la Prusse, le Wurtemberg et la Hesse.

1830. La fidélité des Bavarois à la dynastie.

1831. La devise du roi : GERECHT UND BEHARRLICH.

1832. Le prince Othon élevé au trône de Grèce.

1833. Union douanière avec la Prusse, la Saxe, la Hesse et les principautés de la Thuringe. — Monument en l'honneur des 30,000 Bavarois morts pendant la campagne de Russie.

1834. Monument élevé à Oberwittelsbach pour rappeler la fidélité des Bavavois à la dynastie. — Le landtag bavarois.

1835. Le roi Othon, de Grèce, quitte sa mère près d'Aibling. — Érection de la banque hypothécaire. — Monument élevé à Munich à Maximilien I. — Construction du chemin de fer de Nuremberg à Furth. — Le grand-duché de Bade adhère à l'Union douanière allemande. — Un établissement d'instruction donné aux Bénédictins.

1836. Érection de la chapelle d'Othon à Kiefersfelden.

1837. Ordre de Saint-Michel. — Union monétaire des pays de l'Allemagne du Sud. Cette pièce et les suivantes sont des *doppelgulden*.

1838. Rétablissement des divisions historiques du territoire.

1839. Érection de la statue équestre de Maximilien I, électeur de Bavière.

1840. Statue d'Albert Durer érigée à Nuremberg.

1841. Statue de J.-P.-F. Richter, érigée à Bayreuth.

1842. Vue du Walhalla près de Ratisbonne. — Maximilien, prince héritier de Bavière, épouse Marie, princesse royale de Prusse.

1843. Centenaire de l'Université d'Erlangen.

1844. La *Feldherrenhalle* à Munich.

1845. Érection à Munich de la statue du chancelier von Kreittmayr. — Naissance de Louis, prince héritier, et de Louis, prince royal.

1846. Le *Ludwigscanal* reliant le Danube et le Mein.

1847. Statue du prince-évêque J. Echter von Mespelbrunn érigée à Wurzbourg.

1848. Louis I donne la couronne à son fils Maximilien. — La constitution de 1848. — Statue de Gluck érigée à Munich.

1849. Statue de Roland de Latre dit Orlando di Lasso, érigée à Munich.

1854. Exposition industrielle de Munich.
1855. Rétablissement de la *Mariensäule* à Munich.
1856. Monument du roi Maximilien II, élevé à Lindau.
1871. Traité de paix signé à Francfort entre l'Allemagne et la France. Cette pièce est un thaler.

L'atelier monétaire du royaume de Bavière se trouve à Munich. Nous reproduisons (fig. 383), à titre de spécimen du monnayage bavarois, un *doppelvereinsgulden* de Louis II.

d). — *Duché, puis grand-duché de Berg.*

En 1806, les duchés de Berg et de Clèves furent donnés par Napoléon I à son beau-frère, Joachim Murat, qui à la fin de la même année reçut le titre de grand-duc. La capitale de ses états était Dusseldorf. En 1808, Murat devint roi de Naples.

Comme duc, il fit frapper en 1806 des *thalers* d'argent portant sa tête à droite et la légende : IOACHIM HERZOG ZU BERG U. CLEVE. Comme grand-duc, il fit frapper deux variétés de *thalers* en 1807 ; ils portent sa tête à droite, avec la légende : IOACHIM GROSHERZOG VON BERG, et, au revers, les armes avec couronne et manteau. En 1806 et 1807 on frappa également des pièces de trois *pfennings* en billon ayant à l'avers l'initiale J couronnée.

e). — *Ville libre de Brême.*

La ville libre de Brême avait un système monétaire particulier, unique en Allemagne, ayant pour base l'étalon d'or, et, par une singularité remarquable, elle ne frappait pas d'espèces en or. Son unité monétaire était le louis d'or allemand ou pistole, que l'on émettait en Hanovre, en Brunswick, en Danemark et dans les autres pays environnants. On comptait en *thalers-louis d'or,* simple monnaie de compte, qui étaient censés représenter le cinquième de la pistole et qui se divisaient en 72 *groten* à 5 *schwaren.*

Le monnayage effectif, qui avait été arrêté en 1770, reprit en 1840. On émit, en argent, des *demi-thalers* valant 36 groten, à 27 $\frac{3}{71}$ au marc fin, des *sixièmes de thaler* de 12 groten, des *douzièmes de thaler* de 6 groten, des *groten* ou soixante douzièmes de thaler; en cuivre, on frappa des *demi-groten*, des *pièces de deux schwaren et demi* et des *schwaren*. Brême conserva son système particulier jusqu'à la loi du 4 décembre 1871.

f). — *Duché de Brunswick-Wolfenbüttel.*

Le duché de Brunswick-Wolfenbüttel s'étend sur la pente septentrionale du Harz. De 1806 à 1813, il a fait partie du royaume de

Westphalie, mais après la bataille de Leipzig il a recouvré son indépendance.

* Frédéric-Guillaume, 1813-15.
* Charles III, 1815-30.
* Guillaume, 1830-84.

Dans la première partie du XIXe siècle, on comptait dans le Brunswick par *thalers* à 36 *mariengroschen* à 8 *pfennigs*, puis, à partir de 1817, par *thalers* à 24 *gute groschen* à 12 *pfennigs*. Les monnaies réelles étaient taillées sur le *pied de 20 florins* ou de convention.

Par une ordonnance du 18 décembre 1834, Guillaume, duc de Brunswick, introduisit dans ses états le *pied de 14 thalers*. En or, on frappait des *pistoles, doubles-pistoles* et *demi-pistoles*, qui étaient taillées à raison de 35 $\frac{1}{6}$ pistoles au marc de 21 karats 6 grains d'aloi ; la pistole valait 5 thalers.

Le type des monnaies de Brunswick comprend, indépendamment des effigies, des armes, des dispositifs épigraphiques communs à toutes les monnaies allemandes, le cheval libre au galop, qui forme l'emblème

Fig. 384

traditionnel particulier au duché (fig. 384). En 1856, le duc Guillaume fit frapper un *gedenk doppelthaler* à l'occasion de la 25e année de son règne.

g). — *Ville libre de Danzig.*

En 1807, la ville de Danzig fut déclarée ville libre par la paix de Tilsitt ; elle conserva cette qualité jusqu'à sa prise par les alliés en 1813. De 1808 à 1812, elle frappa des *groschen* de billon et des *schillings* de cuivre à ses armes.

h). — *Grand-duché de Francfort-sur-le-Mein.*

En 1806, Charles de Dalberg, archevêque de Ratisbonne, fut créé, par Napoléon I, prince-primat de la Confédération du Rhin et grand-duc de Francfort. Le territoire de ce grand-duché comprenait, outre l'ancienne ville libre de Francfort, les villes d'Aschaffenbourg, Hanau et Fulda. En 1813, Charles de Dalberg abdiqua.

De 1808 à 1812, il fit frapper, soit à Francfort, soit à Ratisbonne, des *ducats* d'or, des *thalers* et *demi-thalers* d'argent, des *kreuzers* de billon et des *hellers* de cuivre portant son buste ou les armes de l'ancien électorat de Mayence. Sur toutes ces pièces figure son titre de prince-primat, FÜRST PRIMAS, à l'exception d'un *heller* de 1812, où on lit : GROSH. FRANKF.

i). — *Ville libre de Francfort-sur-le-Mein.*

Antérieurement à 1838, la monnaie de compte de Francfort était le *florin* au pied de 20, porté au pied de 24 au marc. En 1838 et en 1857, la ville libre participa, comme état du Sud, aux grandes unions monétaires de l'Allemagne. En 1866, elle fut annexée à la Prusse.

Le type des plus fortes espèces d'argent se compose, soit d'une vue de la ville prise du Mein, soit d'une aigle, soit d'un buste de femme personnifiant Francfort. A plusieurs reprises, on frappa des monnaies commémoratives. Un *gedenkdoppelthaler* de 1840 célèbre l'ouverture du nouvel hôtel des Monnaies et le cinquantième anniversaire des droits monétaires de la ville. D'autres pièces rappellent la réunion du parlement allemand à Francfort en 1848, l'élection de l'archiduc Jean d'Autriche comme vicaire de l'empire (1848), l'élection à l'empire de Frédéric-Guillaume IV, roi de Prusse (1849), le centenaire de la naissance de Goethe (1849), le centenaire de la naissance de Schiller (1859), le *fürstentag* ou réunion à Francfort des princes allemands en 1863.

j). — *Ville libre de Hambourg.*

La ville libre et hanséatique de Hambourg fut occupée par les armées françaises de 1806 à 1809, et réunie à l'empire, en 1810, comme chef-lieu du département des Bouches de l'Elbe. En 1813 et 1814 le maréchal Davoust y soutint un siège mémorable, pendant lequel il fit frapper des monnaies obsidionales avec les anciens coins hambourgeois.

Après la capitulation, Hambourg reprit son indépendance et recouvra son droit de battre monnaie, mais, à part quelques émissions de *ducats* d'or, on ne fit plus que des fabrications de monnaies divisionnaires.

La ville avait un système monétaire particulier, qui avait pour base le *mark* d'argent à 16 *schillings* à 12 *pfennigs* ; elle le garda jusqu'à la loi du 4 décembre 1871, qui a réglé le monnayage du nouvel empire allemand. Sous ce nouveau régime, Hambourg, FREIE UND HANSE STADT HAMBURG, a conservé son atelier monétaire.

k). — *Royaume de Hanovre.*

Les duché et principauté électorale de Brunswick-Lunebourg formaient depuis 1714, date de l'accession de Georges I au trône d'Angleterre, une annexe continentale de la Grande-Bretagne. De 1803 à 1813 le pays, occupé par les Français, fit partie du royaume de Westphalie.

En 1815, il fut érigé en royaume de Hanovre.

* Georges III, 1760-1803.
[Occupation française, 1803-13].
* Georges III, rétabli, 1813-20.
* Georges IV, 1820-30.
* Guillaume IV, 1830-37.
* Ernest-Auguste, 1837-51.
* Georges V, 1851-66.

A la mort du roi d'Angleterre et de Hanovre Guillaume IV, décédé sans enfants légitimes, ce dernier pays passa à son frère Ernest-Auguste. En 1866, le Hanovre fut annexé à la Prusse.

Avant 1817, on faisait usage en Hanovre d'un pied monétaire de 18 florins, dit *cassageld*. Le *thaler* se divisait en 24 groschen à 12 pfennigs ou en 36 mariengroschen à 8 pfennigs; le *demi-mariengroschen* portait le nom de *mattier*. En or, on frappait des *pistoles* qui circulaient pour 4 $\frac{2}{3}$ thalers *cassageld*. Le 1 octobre 1817, le Hanovre adopta le pied de 20 florins. Une loi du 8 avril 1834 introduisit le système prussien du 14 *thalerfuss*.

Les ateliers monétaires du Hanovre étaient Clausthal et Hanovre. Comme type particulier nous signalerons, sur les monnaies hanovriennes, le cheval libre au galop, emblème de la maison de Brunswick. Les rois de Hanovre ont frappé à diverses reprises des *ausbeutethaler* avec le métal fourni par les mines du Harz, puis des monnaies commémoratives, dont la dernière, émise en 1865, rappelle le cinquantenaire de l'union de l'Ostfrise au royaume.

l). — *Grand-duché de Hesse-Darmstadt.*

Le landgraviat de Hesse fut élevé en 1806 au rang de grand-duché.

Louis (X) I, 1790-1806-30.
* Louis II, 1830-48.
* Louis III, 1848-77.
Louis IV, 1877-1892.
Ernest-Louis, 1892, actuellement régnant.

L'histoire monétaire du grand-duché de Hesse suivit les mêmes phases que celle des autres pays de l'Allemagne du Sud.

m). — *Landgraviat de Hesse-Hombourg.*

La maison de Hesse-Hombourg s'éteignit en 1866, et ses états passèrent au grand-duc de Hesse-Darmstadt. Les landgraves suivants régnèrent jusqu'à cette époque :

Frédéric-Louis, 1751-1820.	* Philippe, 1839-46.
Frédéric, 1820-29.	Gustave, 1846-48.
* Louis, 1829-39.	* Ferdinand, 1848-66.

Le monnayage des landgraves de Hesse-Hombourg subit, depuis le commencement du siècle jusqu'à l'extinction de leur maison, les mêmes transformations que celui des autres états de l'Allemagne du Sud.

n). — *Principauté électorale de Hesse.*

Guillaume IX, landgrave de Hesse, devint prince-électeur en 1802, sous le nom de Guillaume I. En 1806, ses possessions furent occupées par la France, et, de 1807 à 1813, elles firent partie du royaume de Westphalie. En 1866 la Hesse électorale fut annexée à la Prusse.

Guillaume I, rétabli, 1813-21.	* Frédéric-Guillaume, 1847-66.
* Guillaume II, 1821-47.	

La Hesse électorale eut pour système légal, jusqu'en 1834, le *pied de 20 florins*. Le 3 mai de cette année, Guillaume II adopta le *pied de 14 thalers*, dont le pays fit usage jusqu'à la fin de son indépendance.

o). — *Principautés de Hohenzollern.*

La maison de Hohenzollern s'était scindée, à la fin du XVIe siècle, en deux branches souveraines : Hohenzollern-Hechingen et Hohenzollern-Sigmaringen. En 1849, les chefs des deux maisons renoncèrent à leurs droits régaliens en faveur du roi de Prusse.

Hechingen.	*Sigmaringen.*
Hermann-Frédéric, 1798-1810.	Antoine-Aloïs, 1785-1831.
Frédéric, 1810-38.	* Charles, 1831-48.
* Frédéric-Guillaume-Constantin, 1838-49.	* Charles-Antoine, 1848-49.

Le monnayage de Hohenzollern-Hechingen, arrêté depuis la fin du XVIIIe siècle, ne reprit qu'après 1838, lorsque la principauté eut adhéré à la convention générale des états allemands. La principauté de Hohenzollern-Sigmaringen suivait le pied de convention et frappait en or des *carolins* et des *ducats*, en argent des *thalers* et pièces divisionnaires.

En 1838, on adopta dans les deux principautés le système des états allemands du Sud. Après la cession des droits régaliens à la Prusse, ce système continua à être en vigueur; le roi Frédéric-Guillaume IV a fait frapper en 1852 des *gulden*, *demi-gulden*, pièces de 6 et 3 *kreuzers* de billon et *kreuzers* de cuivre, pour les principautés de Hohenzollern.

p). — *Principauté d'Isenbourg-Birstein.*

En 1806, Napoléon I, pour recompenser le comte Charles d'Isenbourg-Birstein de la part active qu'il avait prise à la formation de la Confédération du Rhin, le créa prince-souverain. Charles d'Isenbourg fit frapper en 1811 une série de monnaies : *ducats* d'or, *thalers* en argent, pièces de 12 et de 6 *kreuzers* en billon; ces pièces portent à l'avers l'effigie du prince, à l'exception de la pièce de 6 *kreuzers*, qui a comme type un C couronné ; au revers du *ducat* figure l'écusson d'Isenbourg avec manteau d'hermine et croix de la légion d'honneur.

q). — *Duché de Lauenbourg.*

En 1816, le duché de Lauenbourg fut cédé au Danemark qui le perdit à la suite de la guerre de 1864. En 1830, le roi de Danemark fit frapper des *gulden* d'argent pour la circulation du duché.

r). — *Principauté de Lippe.*

Depuis le commencement du XVIIe siècle, la maison de Lippe formait deux branches, celle de Detmold, qui fut élevée au rang princier en 1789, et celle de Schauenbourg ou Schaumbourg, qui fut élevée au même rang en 1807.

Detmold.	*Schauenbourg.*
Frédéric-Guillaume-Léopold, 1782-1802.	* Georges-Guillaume, 1787-1860.
* Paul-Alexandre-Léopold, 1802-51.	Adolphe-Georges, 1860-1893.
* Paul-Frédéric-Émile-Léopold, 1851-75.	Georges, 1893, actuellement régnant.
Günther-Frédéric-Woldemar, 1875-1895.	
Charles-Alexandre, 1895, actuellement régnant.	

Le système monétaire de Lippe se régla d'abord suivant le pied de 20 florins, puis suivant celui de 14 thalers.

s). — *Grands-duchés de Mecklenbourg.*

La maison ducale de Mecklenbourg était divisée depuis le milieu du XVIIe siècle en deux branches, qui furent élevées en 1815 au rang gaand-ducal.

Schwerin.	*Strélitz.*
Frédéric-François I, 1785-1837.	Charles, 1794-1816.
*Paul-Frédéric, 1837-42.	*Georges, 1816-60.
*Frédéric-François II, 1842-83.	*Frédéric-Guillaume, 1860, actuellement régnant.
Frédéric-François III, 1883-1897.	
Frédéric-François IV, 1897, actuellement régnant.	

Jusqu'en 1829, le grand-duché de Mecklenbourg-Schwerin eut comme système monétaire légal l'ancien système de Lubeck, dit *lübischer courantfuss*, d'après lequel on taillait 34 *marks* ou 17 *gulden* d'un marc d'argent fin. En 1829, on adopta le pied de Leipzig ou de 18 *florins*. L'ordonnance du 12 janvier 1848 a introduit le 14 *thalerfuss* avec une division du thaler en 48 schillings à 12 pfennigs.

Le pied monétaire en usage dans le grand-duché de Mecklenbourg-Strélitz était celui de 20 florins. En 1848 on adopta celui de 14 *thalers*. Les émissions y ont toujours été peu importantes.

Dans le grand-duché de Mecklenbourg-Schwerin, deux villes, Rostock et Wismar, conservèrent longtemps le droit de battre monnaie à leurs armes. La dernière émission est, pour Rostock, de 1864, pour Wismar, de 1854 ; elles consistent en pièces de 3 *pfennigs* ou *dreiers*.

t). — *Duché de Nassau.*

Le duché, avant 1806 principauté de Nassau, perdit son existence indépendante en 1866, par son annexion à la Prusse.

Frédéric-Guillaume, 1788-1806-16.
*Guillaume, 1816-39.
*Adolphe, 1839-66.

Le duché de Nassau a eu une législation monétaire analogue à celle des autres états de l'Allemagne du Sud. L'atelier monétaire était à Wiesbaden.

u). — *Grand-duché d'Oldenbourg.*

Le duché d'Oldenbourg fut érigé en 1829 en grand-duché.

Pierre-Frédéric-Guillaume, 1785-1823.
Pierre-Frédéric-Louis, 1823-29.
*Paul-Frédéric-Auguste, 1829-53.
*Nicolas-Frédéric-Pierre, 1853, actuellement régnant.

Jusqu'au 1er octobre 1846, la législation monétaire d'Oldenbourg admettait l'étalon d'or ayant pour base la *pistole* ou *louisdor* à 5 thalers. Le *thaler* se divisait en 72 *grote* à 5 *schware* ou à 4 *pfennigs*. En 1846, le grand-duc Paul-Frédéric-Auguste adopta l'étalon d'argent et le pied de 14 thalers. En 1857, on substitua à la division du thaler en *grote* celle en 30 *groschen* à 12 *schwaren*.

Les grands-ducs d'Oldenbourg possèdent la principauté de Birkenfeld, située au nord-est du Palatinat. On a frappé pour cette principauté des monnaies divisionnaires du système du *thaler*, depuis le *pfennig* de cuivre jusqu'à la pièce de 2 *silbergroschen* et demi. La dernière émission est de 1858. Ces monnaies ne portent pas le nom du souverain, mais son monogramme surmonté d'une couronne ou l'écusson couronné; les légendes se composent des mots : GRHZL. OLDENB. FÜRSTTH. BIRKENFELD, plus ou moins abrégé.

v). — *Royaume de Prusse.*

Le royaume de Prusse, que la paix de Tilsitt en 1807 avait réduit au Brandebourg, à la Silésie, à la Poméranie et à la Prusse proprement dite, reçut un accroissement de territoire considérable au congrès de Vienne. Indépendamment de la province de Posen, d'une partie de la Saxe et de la Westphalie, qui lui furent restitués, il obtint une partie de la Thuringe et de la Lusace, et, sur le Rhin et la Moselle, les riches pays de Trèves, de Cologne et de Berg. En 1849, un arrangement de famille lui valut les principautés de Hohenzollern ; à la suite des guerres de 1864 et 1866 contre le Danemark et l'Autriche, il acquit le Schleswig-Holstein, le Hanovre, le duché de Nassau, la Hesse électorale et la ville libre de Francfort.

* Frédéric-Guillaume III, 1797-1840.
* Frédéric-Guillaume IV, 1840-61.
* Guillaume I, 1861-empereur, 1871-88.
* Frédéric, empereur, 1888.
* Guillaume II, empereur, 1888, aujourd'hui régnant.

Depuis la réforme opérée en 1751 par Frédéric II sur les conseils du financier hollandais Philippe Graumann, la Prusse se trouvait sous le régime dit du 14 *thalerfuss* ,d'après lequel un marc d'argent fin était taillé à 14 thalers à 24 groschen à 12 pfennigs ; mais une surproduction d'espèces divisionnaires, qui avait eu lieu d'abord pendant la guerre de Sept Ans, pour reprendre de plus belle pendant les guerres napoléoniennes, avait créé une situation monétaire déplorable. En 1821, le roi Frédéric-Guillaume III résolut d'y porter remède, et par une ordonnance du 30 septembre il restaura, avec quelques modifications secondaires, le système de son grand-oncle. Il prescrivit la frappe du *friedrichs-*

dor, taillé comme précédemment à 35 au marc à 260 grains d'or fin et courant pour 5 thalers, et du *thaler d'argent* à 14 au marc fin. Seulement, le thaler fut subdivisé en 30 *silbergroschen* à 12 *pfennigs*. Le pouvoir libératoire de la monnaie divisionnaire fut strictement limité.

En 1838 et en 1857 la Prusse prit part aux unions monétaires allemandes dont nous avons exposé l'économie dans le § I de ce chapitre. Notre figure 385 reproduit à titre de spécimen la pièce d'or de 20 *marks* de l'empereur-roi Guillaume II actuellement régnant.

Fig. 385

Les ateliers monétaires du royaume de Prusse sont : Berlin (différent A), Hanovre, de 1866 à 1878 (différent B), Francfort-sur le-Mein, de 1866 à 1880 (différent C), Breslau, jusqu'en 1825 (différent B), Dusseldorf, de 1821 à 1848 (différent D). De 1808 à 1810 un atelier fut ouvert à Glatz.

En 1826 et à diverses reprises jusqu'en 1862, les rois de Prusse ont frappé des *ausbeutethaler* avec l'argent des mines de Mansfeld ; ces pièces portent au revers les mots SEGEN DES MANSFELDER BERGBAUES. Un *thaler* commémoratif du couronnement de Guillaume et d'Augusta a été frappé en 1861 ; un autre *gedenkthaler* de 1871 rappelle la guerre franco-allemande.

w). — *Principautés de Reuss.*

Nous avons donné (p. 310) un tableau généalogique sommaire de la maison de Reuss. On peut y voir la manière dont se rattachent entre elles les trois branches encore existantes de cette famille souveraine. En 1849, Henri LXXII de Lobenstein-Ebersdorf renonça à ses droits régaliens en faveur de la ligne de Schleiz.

Ligne aînée (ältere Linie).	*Ligne cadette* (jüngere Linie).	
	Lobenstein-Ebersdorf.	*Schleiz.*
Henri XVIII, 1800-17.	Henri LIV à Lobenstein, 1805-24.	Henri XLII, 1784-1818.
Henri XIX, 1817-36.	Henri LI à Ebersdorf, 1779-1822.	*Henri LXII, 1818-54.
Henri XX, 1836-59.	*Henri LXXII, 1822-24-49.	*Henri LXVII, 1854-66.
*Henri XXII, 1859, aujourd'hui régnant.		*Henri XIV, 1867, aujourd'hui régnant.

Les principautés de Reuss, après avoir usé du *pied de convention* de 20 florins, adoptèrent celui de 14 thalers. L'usage en fut confirmé par les traités monétaires de 1838 et de 1857.

x). — *Royaume de Saxe.*

En 1806, Frédéric-Auguste I, électeur de Saxe, obtint de Napoléon I l'érection de ses états en royaume.

* Frédéric-Auguste I, 1763-1806-27.
* Antoine, 1827-36.
* Frédéric-Auguste II, 1836-1854.
* Jean, 1854-1873.
* Albert, 1873, actuellement régnant.

Le pied de 20 gulden fut en usage en Saxe jusqu'en 1840. En cette année, le roi Frédéric-Auguste II, mettant à exécution les engagements qu'il avait pris en 1838 par sa participation à l'Union monétaire allemande, introduisit dans ses états le pied de 14 thalers. Le thaler fut divisé en 30 *neugroschen* de 10 *pfennigs*. L'ordonnance du 20 juillet 1840 prescrivit également la fabrication d'*augustdors* taillés à raison de 35 *augustdors* au marc d'or à 260 grains de métal fin au marc. En 1857, le royaume de Saxe participa à la convention monétaire de Vienne. L'atelier monétaire du royaume est situé à Muldner Hutte, près Dresde.

y). — *Duchés et grand-duché de Saxe.*

Quatre duchés et un grand-duché dont les territoires s'étendent en Thuringe, et qui appartiennent à des branches de l'ancienne ligne Ernestine de Saxe, ont conservé au XIXe siècle le droit de battre monnaie.

Grand-duché de Saxe-Weimar. — Le duché de Saxe-Weimar fut élevé au rang de grand-duché en 1815.

Charles-Auguste, 1758-1815-28.
* Charles-Frédéric, 1828-53.
* Charles-Alexandre, 1853, aujourd'hui régnant.

On comptait, au début de ce siècle, suivant le pied de convention de 20 florins. En 1838 le pied de 14 thalers à 30 silbergroschen à 12 pfennigs fut introduit. Le *thaler* frappé en 1815 porte à l'avers l'écu de Saxe couronné, au revers les mots : DEM VATERLANDE, dans une couronne de lauriers.

Duché de Saxe-Meiningen. — Ce duché, qui s'étend sur les bords de la Werra, dans le sud-ouest de la Thuringe, eut pour souverains :

* Bernard, 1803-66.
* Georges, 1866, aujourd'hui régnant.

Le duché de Saxe-Meiningen prit part aux conventions monétaires de

1838 et de 1857 ; il monnayait comme les états allemands du Sud et comptait en *florins* à 60 *kreuzers* à 4 *pfennigs*.

Duché de Saxe-Altenbourg. — En 1826, Frédéric de Saxe-Hildburghausen hérita de la terre d'Altenbourg, dont le nom désigna désormais sa maison. Il mourut en 1834.

*Joseph, 1834-48.	* Ernest, 1853, aujourd'hui régnant.
*Georges, 1848-53.	

Le duché de Saxe-Altenbourg adopta successivement le pied de 24 florins et celui de 14 thalers. Il participa aux conventions de 1838 et 1857 comme état de l'Allemagne du Nord. Les monnaies de ce duché sont frappées dans l'atelier monétaire du royaume de Saxe.

Duchés de Saxe-Cobourg-Gotha. — En 1826, après la mort de Frédéric IV, duc de Saxe-Gotha, Ernest I, duc de Saxe-Cobourg-Saalfeld, obtint Gotha. Il prit dès lors le titre de duc de Saxe-Cobourg-Gotha.

Saxe-Gotha.	*Saxe-Cobourg.*
Auguste, 1804-22.	* Ernest I, 1806-26-44.
Frédéric IV, 1822-25.	* Ernest II, 1844-93.

Le duché de Saxe-Cobourg comptait antérieurement à 1837 en *thalers* à 90 *kreuzers* et en *gulden* à 60 *kreuzers*. En 1837, lors de la convention monétaire, il prit rang parmi les états du Sud. Le duché de Saxe-Gotha, où régnait le pied de convention de 20 gulden, fut classé en 1837 parmi les états du Nord comptant sur le pied de 14 thalers. Les monnaies des duchés de Saxe-Cobourg-Gotha sont frappées dans l'atelier du royaume de Saxe.

z). — *Principautés de Schwarzbourg.*

Deux branches de la maison de Schwarzbourg possèdent le droit de battre monnaie :

Schwarzbourg-Rudolstadt.	*Schwarzbourg-Sondershausen.*
*Louis-Frédéric II, 1793-1807.	Gunther-Frédéric-Charles I, 1794-1835.
*Frédéric-Gunther, 1807-67.	*Gunther-Frédéric-Charles II, 1835-80.
*Albert, 1867-69.	Charles-Gunther, 1880, actuellement régnant.
Georges, 1869-	

La principauté de Schwarzbourg-Rudolstadt était formée de deux tronçons, la seigneurie supérieure ou *Oberherrschaft* avec la capitale de Rudolstadt et la seigneurie inférieure ou *Unterherrschaft* avec Frankenhausen. Le pied monétaire légal y était uniformément le pied de convention de 20 *florins*, et l'on comptait en *thalers* à 24 groschen à 12 pfennigs. L'union monétaire de 1838 introduisit le pied de 24 $\frac{1}{2}$ *florins* dans l'Oberherrschaft et le pied de 14 *thalers* dans l'Unterherrschaft.

Dans la principauté de Schwarzbourg-Sondershausen le pied de 14 thalers remplaça également le pied de convention à la suite du traité de 1838.

aa). — *Duchés de Schleswig-Holstein.*

Aux traités de Vienne, en 1815, le roi de Danemark reçut les duchés de Holstein et de Lauenbourg et devint, du chef de ces duchés, membre de la Confédération germanique. En 1848, à la mort du roi Christian VIII, une guerre de succession éclata entre Frédéric VII et le prince d'Augustenbourg, qui élevait des prétentions sur le duché allemand de Holstein et le duché danois contigu de Schleswig. La guerre dura jusqu'en 1851; les Holsteinois se soumirent et la conférence de Londres assura en 1852 les duchés au roi de Danemark.

En 1850 et 1851, on a frappé à Altona des pièces de cuivre, *sechslings* et *dreilings*, portant à l'avers l'écu parti des deux duchés, et au revers l'indication de la valeur entourée des mots : SCHLESW. HOLSTEIN SCHEIDEMÜNZE. En 1864, les duchés de Schleswig, Holstein et Lauenbourg furent conquis par la Confédération germanique; la Prusse se les annexa en 1866.

ab). — *Principautés de Waldeck et Pyrmont.*

La principauté de Waldeck s'étend entre la Westphalie prussienne et l'ancienne Hesse électorale; le comté de Pyrmont, plus au nord, est compris entre la Lippe-Detmold et l'ancien royaume de Hanovre.

L'atelier monétaire se trouvait à Arolsen, dans la principauté de Waldeck; il fut supprimé en 1842, et depuis lors les monnaies de la principauté furent frappées à Berlin.

* Frédéric, 1763-1812.
* Georges, 1805-12-13.
* Georges-Frédéric-Henri, 1813-45.
* Emma d'Anhalt-Bernbourg, régente, 1845-52.
* Georges-Victor, 1845-52-67-93.
Frédéric, 1893, aujourd'hui régnant.

Les monnaies frappées au commencement de ce siècle consistent en *thalers* de convention, *speciesthaler*, et divisions. En 1838, on adopta le pied de 14 *thalers*. Frédéric prend le titre de PR. WALDECCIAE COM. PYR. Georges, qui régna à Pyrmont à partir de 1805 et recueillit en 1812 la succession de son frère Frédéric à Waldeck, s'intitule sur ses premières pièces : PRINZ. Z. WALDECK FURST Z. PYRMONT, puis, après 1812, FURST ZU WALDECK UND PYRMONT. Sa devise était : CONCORDIA PATRIAE NUTRIX. En 1867, Georges-Victor renonça à ses droits régaliens.

ac). — *Royaume de Westphalie* [1].

Le royaume de Westphalie fut créé, en 1807, conformément aux stipulations de la paix de Tilsitt. Il comprenait une partie de l'ancienne Westphalie et du Hanovre, la Hesse-Cassel, le Brunswick et une partie de l'Altmark de Brandebourg. La capitale était Cassel. En 1813, après la bataille de Leipzig, le royaume de Westphalie disparut.

Le 18 août 1807 un décret de l'empereur Napoléon I donna le royaume de Westphalie à son plus jeune frère Jérôme Bonaparte. L'article 17 de la constitution westphalienne, promulguée le 7 décembre 1807, stipulait que le système monétaire en vigueur en France serait établi dans tout le royaume. Conformément à ce système, on frappa les pièces suivantes, dont les coins furent gravés à Paris par Tiolier, graveur général des monnaies de France : en or, pièces de 40, 20, 10 et 5 francs, en argent, pièces de 5 fr., 2 fr., 1 fr. et un demi-franc; en billon, pièces de 20 et de 10 centimes; en cuivre, pièces de 5, 3, 2 centimes et 1 centime. Le type des monnaies d'or et d'argent se compose de la tête laurée du roi, tournée à gauche sur l'or, à droite sur l'argent; les pièces de billon et de cuivre portent les initiales H N, combinées sous une couronne et ont la légende circulaire en creux (fig. 386).

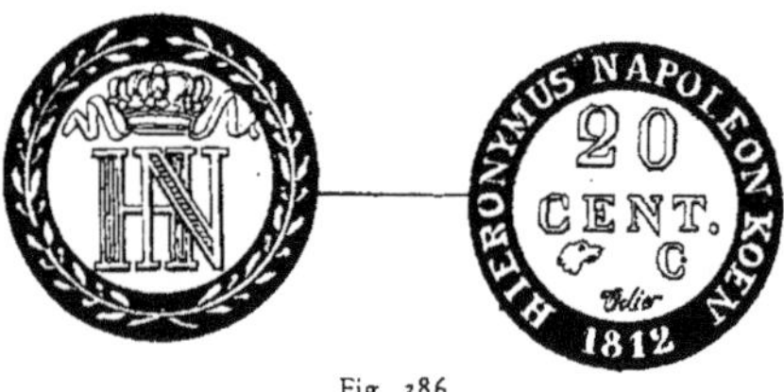

Fig. 386

Le système français fut mal accueilli et concurremment avec lui on frappa des monnaies conformes aux anciens systèmes en usage dans les pays qui formaient le territoire du royaume. En or, il y eut des *pistoles* de 10 thalers et des *demi-pistoles*, du même poids et du même titre que les pièces d'or de Brunswick; en argent, des *speciesthaler* et des *sixièmes de thaler*, suivant le pied de 20 gulden, des *gulden* ou deux tiers de thaler, suivant le pied de 18 gulden, des *sixièmes*, *douzièmes* et *vingt-quatrièmes* de thaler, des *mariengroschen*, des *pièces de 4 pfennigs*,

1. Wolff, *Die Münzstätten des Königreichs Westfalen*, dans les *Blätter für Münzfreunde* du 1er juillet 1879. — E. Dewamin, *Cent ans de numism. française*, t. II, p. 41 et suiv.

enfin, en cuivre, des pièces de 2 et de 1 *pfennigs*. Les types se composent, soit de la tête laurée ou nue de Jérôme, soit de ses armes ou de son chiffre. En 1811, il y eut des *ausbeutethaler* avec les mots : SEEGEN DES MANSFELDER BERGBAUES, et des *gulden* rappelant la visite du roi à Clausthal : GLUCK AUF ! CLAUSTHAL IM AUGUST 1811. Jérôme Napoléon prend sur ses pièces le titre de HIERONYMUS NAPOLEON KOENIG VON WESTPHALEN FR*anzösischer* PR*inz*. Les ateliers monétaires du royaume étaient Cassel, Brunswick et Clausthal.

ae). — *Royaume de Wurtemberg.*

En 1803, Frédéric II, duc de Wurtemberg, fut élevé au rang de prince électeur ; en 1806 ses états furent transformés en royaume.

*Frédéric, 1806-16.	*Charles, 1864-91.
*Guillaume I, 1816-64.	*Guillaume II, 1891, aujourd'hui régnant.

Le royaume de Wurtemberg eut les mêmes systèmes monétaires que les autres pays de l'Allemagne du Sud. Avant la convention de 1837, on y monnayait sur le pied de 24 florins, et concurremment, depuis 1809, on frappait des *kronenthaler*. Le monnayage de l'or n'eut jamais grande importance. En 1810, le roi Frédéric émit des pièces de 10 florins dites *friedrichsdor*, puis plus tard, sous Guillaume, des *pièces de 10 florins*, de *5 florins* et des *ducats*.

A l'exemple de la Bavière et d'autres états allemands, on a frappé à diverses reprises, en Wurtemberg, des monnaies commémoratives, notamment, en 1846, un *double thaler*, à l'occasion du mariage du prince héritier Charles de Wurtemberg avec Olga de Russie, en 1869 un *double thaler*, rappelant la reconstruction de la cathédrale d'Ulm, enfin, en 1871, un *thaler* commémoratif de la guerre franco-allemande. L'atelier monétaire de Wurtemberg est à Stuttgart.

ad). — *Grand-duché de Wurzbourg.*

Ferdinand d'Autriche, ci-devant grand-duc de Toscane, qui avait obtenu en 1803 comme compensation la principauté de Salzbourg (voir p. 328), reçut en 1806, en échange de ce dernier pays donné à la Bavière, le territoire de l'ancien évêché de Wurzbourg, avec le titre de grand-duché. En 1815, Wurzbourg fut attribué à la Bavière et Ferdinand rentra en possesion du grand-duché de Toscane.

CHAPITRE CINQUIÈME

L'AUTRICHE-HONGRIE

ET LA PRINCIPAUTÉ DE LIECHTENSTEIN.

SOURCES : H. Cubasch, *Die Münzen unter der Regierung seiner Kais. u. Kön. apostolischen Majestät des Kaisers Franz-Joseph I, bis zur Einführung der Kronenwährung.* Vienne, 1896, in-4. — M. Waldner, *Versuch eines Entwurfes der Hauptmomente des deutschen Münzwesens.* Innsbruck, 1858, in-8. — C. Schwalbach, *Die neuesten deutschen Thaler, Doppelthaler und Doppelgulden.* Leipzig, 1895, in-4. — C. von Ernst, *Die Münz-zeichen und Münzbuchstaben auf österreichischen Münzen,* dans la *Numismatische Zeitschrift* de 1893.

§ I. — *L'Autriche-Hongrie.*

En 1806, François II, après la signature de la paix de Presbourg et la constitution de la Confédération du Rhin, renonça au titre d'empereur d'Allemagne, se contentant désormais du titre d'empereur d'Autriche, qu'il avait pris dès le mois d'août 1804. Les traités de 1815 respectèrent cette modification dans la titulature impériale. Voici la chronologie des empereurs d'Autriche :

* François II (I), 1792-1804-35.
* Ferdinand I, 1835-48.
* François-Joseph, 1848, actuellement régnant.

En 1848, des révolutions éclatèrent en Bohême et en Hongrie. Le 2 décembre 1848, Ferdinand I abdiqua en faveur de son neveu François-Joseph. Le 15 mars, la Hongrie avait obtenu un gouvernement distinct, mais la révolution triomphante déclara déchue la maison de Habsbourg. En octobre 1849, la république hongroise fut vaincue par l'intervention de la Russie. L'Autriche possédait depuis 1815 en Italie le royaume lombardo-vénitien ; elle perdit successivement le Milanais en 1859 et la Venétie en 1866[1].

1. Pour les monnaies frappées dans le royaume lombardo-vénitien, voir le § *l* du chapitre VII, I.

Le système monétaire de l'Autriche resta conforme, jusqu'en 1857, au pied de convention qui avait été adopté conjointement avec la Bavière en 1753. Nous avons exposé (page 130) les points essentiels de ce système, suivant lequel 20 florins d'argent étaient taillés au marc fin de Cologne, et nous avons donné la liste des monnaies réelles frappées sur le *Conventionsfuss*.

Le type des monnaies d'or et d'argent autrichiennes se compose, à l'avers, du buste ou de la tête laurée de l'empereur, au revers, de l'écu entouré de colliers d'ordres et brochant sur une aigle à deux têtes tenant dans sa serre droite l'épée et le sceptre, et dans sa serre gauche le globe crucigère (fig. 387). Les *ducats* d'or frappés en Hongrie portent l'image de la

Fig. 387

Vierge: S. MARIA MATER DEI PATRONA HVNG. et l'empereur debout; les monnaies d'argent hongroises ont la même image de la Vierge et la tête impériale laurée (fig. 388). Les légendes des pièces autrichiennes se composent du nom et des titres fortement abrégés de l'empereur: *Dei gratia Austriae imperator, Hungariae, Bohemiae, Lombardiae et Venetiae, Galiciae, Lodomeriae, Illyriae rex, archidux Austriae.*

Fig. 388

Pendant le soulèvement hongrois en 1848, on frappa à Kremnitz des monnaies d'or, d'argent et de cuivre à légendes magyares : V. FERD. MAGY. H. T. ORSZ. KIRALYA ERD N. FEJEDO. Le type de ces pièces se compose de l'effigie en pied ou de la tête de Ferdinand I, de l'image de la Vierge : SZ. MARIA IST. ANNYA MAGY. OR. VÉDÖJE, ou des armes du royaume de Hongrie. Sur les monnaies divisionnaires, le nom du roi est omis ; la légende est : MAGYAR KIRALYI VALTS PENZ (monnaie d'appoint du royaume hongrois).

Le 24 janvier 1857, l'Autriche participa à la grande convention monétaire allemande dont nous avons parlé (p. 649). Le nouveau système, arrêté par ce contrat international, fut mis en vigueur par patente impériale du 13 juin suivant. L'union monétaire était, pour l'Autriche et la principauté de Liechtenstein, le *florin d'argent valeur autrichienne*, en allemand : *gulden österreichischer währung*, taillé à 45 à la livre de 500 grammes de métal fin et divisé en 60 kreuzers. On devait frapper à la fois des monnaies dites *vereinsmünzen*, destinées à circuler dans tous les pays ayant adhéré à la convention, et des monnaies dites *landesmünzen*, n'ayant cours qu'en Autriche.

Voici les diverses monnaies émises en Autriche, sous le régime de la convention de 1857 :

1° *Vereinsmünzen*. Argent. *Double thaler* ou pièce de 3 florins val. aut.
Thaler ou pièce de 1 $\frac{1}{2}$ florin val. aut.
Or. *Couronne.* / *Demi-couronne.* } sans valeur fixe.

2° *Landesmünzen*. Argent. *Double florin*, à 22 $\frac{1}{2}$ à la livre de métal fin et à 900 millièmes.
Florin, à 45 à la livre de métal fin et à 900 millièmes.
Billon. *Pièce de 20 kreuzers* / *Pièce de 10 kreuzers* / *Pièce de 5 kreuzers* } à 500 millièmes de fin.
Cuivre. *Pièce de 4 kreuzers.*
Pièce de 3 kreuzers.
Kreuzer.
Pièce de $\frac{5}{10}$ de kreuzer.
Or. *Quadruples ducats.*
Ducats.

En outre, l'Autriche s'était expressément réservé le droit de frapper des *thalers* d'argent à l'effigie de l'impératrice Marie-Thérèse au millésime de 1780, pour servir à l'exportation dans les pays d'Orient, où cette monnaie avait conservé une faveur toute particulière. Ces monnaies, qui se fabriquent encore aujourd'hui, sont connues sous le nom de *levantinerthaler*[1] ou thalers levantins. En 1868, l'Autriche cessa de faire partie de l'union monétaire germanique, mais le système en vigueur dans l'empire ne subit pas de changements par le fait de cette retraite.

Les monnaies de l'empereur François-Joseph ne présentent aucune innovation quant aux dispositifs du type, mais l'effigie subit de 1857 à 1892 trois modifications conformes aux changements apportés par l'âge dans les traits de l'empereur. De 1857 à 1865 le poinçon gravé par J. D. Böhm montre François-Joseph avec une fine moustache et de légers

1. C. von Ernst, *Der Levantinerthaler*, dans la *Numismatische Zeitschrift* de 1874.

favoris. De 1866 à 1872, les coins de J. Tautenhayn présentent un profil aux favoris plus larges. Enfin de 1872 à 1892, les coins de F. Leiseck accentuent les traits, et montrent des favoris longs descendant jusqu'au milieu du cou.

A partir de 1868, des monnaies conformes au système de l'empire, mais portant des légendes magyares et ayant au revers l'écu de Hongrie, furent frappées pour ce royaume. L'empereur s'y intitule soit : FERENCZ JOZSEF A. CSASZAR MAGYAR ORSZAG AP. KIRALYA, c'est-à-dire : François-Joseph, empereur d'Autriche, roi apostolique de Hongrie, soit : FERENCZ JOZSEF I. K. A. CS. ÉS. M. H. S. D. O. AP. KIR., *Ferencz Józzef Isten kegyelméböl Austriai császár és magyar-horvát-szlavon-dalmát Országok apostoli királya*, c'est-à-dire : François-Joseph, par la grâce de Dieu empereur d'Autriche et roi apostolique de Hongrie, Croatie, Slavonie et Dalmatie.

Le 9 mars 1870, une patente impériale décida l'émission de nouvelles monnaies d'or en remplacement des *couronnes* et *demi-couronnes* frappées depuis 1857. Ces nouvelles pièces, qui constituaient un acheminement vers l'adoption du système de l'Union monétaire latine, devaient valoir 8 florins et 4 florins et équivaloir exactement à 20 et à 10 fr. Elles ont été émises jusqu'en 1892, à la fois en Autriche, avec légendes latines, et en Hongrie, avec légendes magyares.

En 1879, à l'occasion des noces d'argent de l'empereur François-Joseph I et de l'impératrice Élisabeth de Bavière, on frappa des *doubles-florins* commémoratifs aux effigies conjuguées des époux. En 1887, on émit des *ausbeute-doppelgulden* d'argent fin avec le métal des mines de Kuttenberg.

Le 2 août 1892, l'empire d'Autriche modifia entièrement son système monétaire, en substituant l'étalon d'or à l'étalon d'argent. Voici les principales dispositions de cette loi, qui est actuellement en vigueur :

I. — Dans les deux états de la Monarchie est introduit, au lieu de l'étalon autrichien *(österreichische Währung)*, l'étalon d'or *(goldwährung)*, dont l'unité de compte est la *couronne (krone)*. La *couronne* se divise en 100 *heller*.

II. — Le poids monétaire est le kilogramme avec ses divisions décimales, tel qu'il a été adopté par le décret du 23 juillet 1871.

III. — Les monnaies d'or *(landesgoldmünzen)* seront frappées au titre de 900 millièmes d'or et de 100 millièmes de cuivre. Un kilogramme d'or monétaire fournira 2952 *couronnes*, de sorte que 3280 *couronnes* seront tirées d'un kilogramme d'or fin.

IV. — On frappera les pièces suivantes : a) *pièces de 20 couronnes*, b) *pièces de 10 couronnes*. D'un kilogramme d'or monétaire on tirera 147,6 pièces de 20 *couronnes* ou 295,2 pièces de 10 *couronnes*, de sorté que le kilogramme d'or fin produira 164 pièces de 20 *couronnes* et 328 pièces de 10 *couronnes*. La pièce de 20 couronnes pèsera

6 gr. 775067 et la pièce de 10 couronnes 3 gr. 3875338. Le diamètre sera respectivement de 21 millimètres et de 19 millimètres.

IV. — Outre ces monnaies d'or, dites *landesgoldmünzen*, on frappera comme monnaie de commerce *(handelsmünzen)*, ainsi qu'on l'a fait jusqu'à présent, des *ducats* à 81 $\frac{159}{355}$ pièces au marc de Vienne (o kil. 280668) d'or fin, et au titre de 23 carats 8 grains (986 $\frac{1}{2}$ millièmes). Les pièces d'or de 8 et de 4 florins frappées à la suite du décret du 9 mars 1870 cesseront d'être émises.

XI. — Indépendamment des *landesgoldmünzen*, il sera frappé en argent des pièces d'une *couronne*, en nickel des pièces de 20 et 10 *hellers*, en bronze des pièces de 2 *hellers* et d'un *heller*.

XII. — Les pièces d'argent d'une *couronne* seront au titre de 835 millièmes d'argent et de 165 millièmes de cuivre. Un kilogramme d'argent monétaire fournira 200 pièces d'une couronne, dont le poids sera de 5 grammes et le diamètre de 23 millimètres.

XXII. — Les pièces dites *levantiner thaler*, à l'effigie de l'impératrice Marie-Thérèse et au millésime de 1780, pourront être frappées ainsi que par le passé, comme monnaies de commerce.

Un avis du ministre des finances du 26 décembre 1892 fixa les types de ces diverses espèces. Elles sont frappées en Autriche avec des légendes latines, en Hongrie avec des légendes magyares. Les types présentent les différences tenant aux emblèmes nationaux. L'or autrichien porte, à l'avers, la tête laurée de François-Joseph, et au revers l'aigle à deux têtes. L'or hongrois a l'image en pied de l'empereur-roi tenant le globe crucigère et le sceptre, au revers, l'écu hongrois surmonté de la couronne de saint Étienne tenue par deux anges. La *couronne* d'argent porte dans les deux pays la tête laurée, et au revers l'indication de la valeur sous la couronne impériale ou sous la couronne royale. Le nickel et le bronze autrichiens ont à l'avers l'aigle, tandis que les monnaies d'appoint hongroises reproduisent la couronne de saint Étienne. Notons en terminant que *heller* se dit *filler* en langue magyare.

Il nous reste à donner la liste des ateliers monétaires de la monarchie autrichienne et l'indication de leurs différents :

Vienne. Différent A, jusqu'en 1872, et, à partir de cette époque, sauf en 1873, sans indication de différent.

Kremnitz (Hongrie). Différent B, jusqu'à la fin de 1867. A partir de 1868, différent KB (Körmöcz-Banya, nom hongrois de la ville). Ce même différent KB figure sur les monnaies de la révolution hongroise de 1848.

Prague (Bohême). Différent C. Cet atelier fut supprimé en 1857.

Karlsbourg (Transylvanie). Différent E, jusqu'en 1868, puis Gy.F. (Gyula Fehervár, nom hongrois de la ville) jusqu'en 1871, année où l'atelier fut fermé.

Nagybánya (Hongrie). Différent G. Pendant la révolution hongroise, le différent fut NB. En 1851, la Monnaie ayant été détruite par la foudre, l'atelier fut supprimé.

Nous rappellerons pour mémoire les ateliers de Milan (M) et de

Venise (V), qui, indépendamment des espèces qu'ils frappèrent pour le royaume lombardo-vénitien, émirent aussi des monnaies pour la circulation générale de l'empire d'Autriche.

§ II. — *Comté de Tyrol.*

En 1805, la paix de Presbourg détacha le Tyrol de l'Autriche et l'annexa à la Bavière. La population, fidèle à son ancienne dynastie, se souleva en 1809, mais l'insurrection fut vaincue et un des chefs, André Hofer, fut fusillé par les Français à Mantoue en 1810.

A cette insurrection en faveur de l'Autriche se rattacha l'émission en 1809 de pièces d'argent de 20 et de 10 *kreuzers* et de *kreuzers* de cuivre. Leur type consiste à l'avers en une aigle couronnée entourée des mots : GEFÜRSTETE GRAFSCHAFT TIROL.

§ III. — *Principauté de Liechtenstein.*

La principauté de Liechtenstein participa en 1857 à l'union monétaire germanique, en adoptant le système autrichien. En 1862, le prince Jean II a fait frapper dans l'atelier de Vienne des *vereinsthaler* à son effigie et à ses armes; en 1898 il a fait émettre des pièces d'or de 20 *couronnes*, conformes au nouveau système monétaire de l'empire d'Autriche.

CHAPITRE SIXIÈME

LA SUISSE

DEPUIS LA CRÉATION DE LA RÉPUBLIQUE HELVÉTIQUE (1798)

SOURCES : L. Coraggioni, *Münzgeschichte der Schweiz*. Genève, 1896, in-4. — *Bulletin de la Société suisse de numismatique*, 1882 et suiv. — *Revue suisse de numismatique*, 1891 et suiv.

§ I. — *République helvétique* (1798-1803).

Quand en 1798 les cantons suisses furent fusionnés en une République helvétique centralisée, leurs droits monétaires passèrent à l'état nouvellement constitué. Le conseil législatif décida, le 25 juin et le 10 décembre de cette année, que les monnaies helvétiques seraient frappées en pièces de 40, 10, 5 et 1 *batzen* et en pièces de 2 et 1 *kreuzers*, conformément à l'ancien pied monétaire de Berne. Un édit du 17 mars 1799 donna au système monétaire de la république sa forme définitive ; en voici les principaux articles :

Le droit de battre monnaie appartient exclusivement à l'état. — L'unité monétaire est le *franc suisse* de $\frac{1}{37}$ marc de Paris, soit de 125,54 grains d'argent fin. Il sera frappé des pièces de 4, 2 et 1 franc. Le franc se divise en 10 *batzen*, le *batz* en 10 *rappen*. — L'or frappé par la république sera à 21 $\frac{22}{32}$ carats.

Les monnaies de la République helvétique furent frappées à Berne (différent B), à Bâle (BA) et à Soleure (S) ; les pièces d'or et d'argent portent à l'avers la légende : HELVETISCHE REPUBLIK, autour d'un guerrier debout tenant le drapeau ; au revers figure l'indication de la valeur dans une couronne. Les pièces de billon portent la même légende dans une couronne, ou un faisceau consulaire. Voici la liste des monnaies qui ont été frappées : en or, pièces de 32 et de 16 *franks* ; en argent, pièces de 40 *batzen* ou 4 *franks*, de 20, 10 et 5 *batzen* ; en billon, pièces de 1 *batz*, $\frac{1}{2}$ *batz*, 1 *kreuzer* et 1 *rappe*.

§ II. — *Les cantons suisses* (1803-1848).

Une insurrection mit fin en 1803 au régime centralisé de la République helvétique et les cantons reprirent leur autonomie. Les anciens *pays soumis* ou *Unterthanenlände,* Argovie, Saint-Gall, Tessin, Vaud et Thurgovie, furent élevés au rang de cantons. La Confédération reçut de Napoléon I, qui s'en proclamait le *médiateur,* une constitution nouvelle.

Une loi du 11 août 1803 décida que tous les cantons de la Confédération auraient le même pied monétaire, basé sur le *franc suisse* à 127 $\frac{1}{4}$ grains d'argent fin et d'une valeur égale à 1 $\frac{1}{2}$ *francs* français. Les monnaies d'un *franc* et d'une valeur supérieure porteraient à l'avers l'écu de la Confédération, au revers l'écu du canton qui les ferait frapper. Les pièces émises conformément à cette loi le furent en très petite quantité; le titre de l'argent avait été fixé trop haut, de sorte que la fabrication était extrêmement onéreuse. Les pièces que l'on possède portent à l'avers un guerrier en costume du XVIe siècle, debout, tenant une épée ou une hallebarde et s'appuyant sur un écusson portant, en deux lignes : XIX CANTO*ne*. La légende circulaire est : SCHWEIZER*ische* EIDSGENOSSEN*schaft* ; l'exergue donne l'indication de la valeur en *franken* ou en *batzen*. Au revers figure l'écu du canton, entouré de son nom.

Si la frappe des monnaies d'argent fut limitée, si quelques pièces d'or ne se montrent qu'à titre exceptionnel, les cantons émirent par contre une quantité considérable de menues espèces de billon, conformes parfois à leur ancien système de compte particulier.

En 1815, la Confédération se reconstitua sur de nouvelles bases et s'accrut des cantons de Genève, du Valais et de Neuchâtel, portant ainsi le nombre des cantons à vingt-deux. Le droit de battre monnaie, pour lequel aucune réglementation commune n'était adoptée, retourna purement et simplement aux cantons, qui purent en user à leur gré. La période qui s'étend de 1815 à 1848 fut pour la Suisse une véritable période d'anarchie monétaire, et le billon régna en maître.

Le 14 juillet 1819, dix-neuf cantons conclurent un concordat suivant lequel le *franc suisse* contiendrait 125 $\frac{1543}{3000}$ grains de Paris d'argent fin et serait égal à 1 $\frac{1}{2}$ ancienne livre tournois de France. Les monnaies frappées par ces cantons portent d'un côté une croix chargée au centre de l'initiale du mot *Concordat,* et en légende: DIE CONCORDIERENDE CANTONE DER SCHWEIZ; de l'autre le nom et l'écu du canton, avec l'indication de la valeur. Les émissions ne consistèrent pour ainsi dire qu'en menues espèces.

En 1838, par une loi du 7 février, Genève adopta un système analogue au système décimal français. On frappa jusqu'en 1848, en or, des pièces de 20 et de 10 *francs*, en argent, des pièces de 10 et de 5 fr., en billon, des pièces de 25, 10, 5, 4, 2 et 1 *centimes*, en cuivre, des pièces de 1 *centime*. Le type de ces monnaies se distingue, à l'avers, par les armes du canton, entourées de la légende : POST TENEBRAS LUX, au revers, par l'indication de la valeur et du millésime, entourée du nom du canton. Les coins de ces monnaies décimales genevoises furent gravés par Antoine Bovy.

Les cantons d'Uri, Unterwalden, Glaris, Zug et Valais n'ont pas frappé monnaie pendant la période de 1815 à 1848.

§ III. — *La principauté de Neuchâtel.*

En décembre 1805, Frédéric-Guillaume III, roi de Prusse, céda à la France sa principauté de Neuchâtel. Le 30 mars 1806, Napoléon I la donna au maréchal Alexandre Berthier.

Les monnaies frappées par Berthier, de 1806 à 1810, sont des pièces de billon, *batz*, *demi-batz* et *kreuzers*. Le type se compose de l'écu couronné de Neuchâtel (armes de l'ancienne principauté avec chef à l'aigle d'empire français); les légendes sont en français : ALEXANDRE P[r]. DUC DE NEUCHAT. Une tentative pour introduire le système monétaire français est attestée par des essais de 5 et de 2 francs à l'effigie de Berthier.

En 1814, la paix de Paris rendit Neuchâtel au roi de Prusse, tout en réunissant la principauté à la Confédération suisse comme vingt et unième canton. En 1848, les Neuchâtelois proclamèrent la déchéance du roi de Prusse, qui renonça, en 1857, à son titre de prince et à tous ses droits de souveraineté.

Les dernières monnaies neuchâteloises furent frappées en 1817 et 1818 sous la domination prussienne; ce sont des *kreuzers* de billon aux armes du roi et prince Frédéric-Guillaume; le revers porte une croix entourée des mots : SUUM CUIQUE.

§ IV. — *La Confédération suisse depuis 1848.*

La constitution fédérale du 12 septembre 1848 mit fin aux monnayages des cantons. Son article 36 réserve à la Confédération les droits régaliens, y compris celui de battre monnaie. Le 7 mai 1850, l'assemblée fédérale vota une loi qui introduisit en Suisse le système monétaire français, adoptant, comme unité, le *franc* divisé en 100 *centimes* ou *rappen*. En 1865, la Suisse conclut avec la France, la Belgique et l'Italie, l'union monétaire latine. L'atelier monétaire fédéral est à Berne, mais à diverses reprises la Suisse a fait frapper ses espèces en France, soit à Paris, soit à Strasbourg. Nous passerons rapidement en revue les types monétaires de la Confédération :

Monnaies d'or. — Quelques essais de pièces de 20 francs furent faits en 1871 et 1873, mais la première émission d'or suisse eut lieu en 1883. L'avers porte une tête de République à gauche, entourée des mots CONFEDERATIO HELVETICA. Le revers porte l'écu à la croix, armes de la Confédération, surmonté d'une étoile et accosté de l'indication de la valeur, dans une couronne de chêne et de laurier. Les coins furent gravés par K. Schwenger, de Stuttgart.

En 1897, le type des pièces de 20 fr. fut changé. Elles portent, sur un fond de montagnes, le buste d'une jeune femme symbolisant la Suisse, comme le dit le mot HELVETIA, au revers, l'indication de la valeur et le millésime, le tout entouré d'une couronne de chêne et de roses des Alpes.

Monnaies d'argent. — Les premières monnaies d'argent parurent en 1850; elles consistent en pièces de 5, 2, 1 *franc* et *demi-franc*. Le type se compose d'une Helvetia assise, tournée à gauche et étendant la main droite, tandis que de l'autre elle s'appuie sur un écu à la croix. Le revers porte l'indication de la valeur dans une couronne. Les coins sont d'Antoine Bovy.

Les pièces de 2, de 1 *franc* et *demi-franc* frappées depuis 1874 portent à l'avers une Helvetia debout, tenant une lance et s'appuyant sur l'écu de la Confédération ; le champ est entouré de 22 étoiles symbolisant les cantons. En 1888, un nouveau coin fut adopté pour les pièces de 5 *francs* ; dans son arrangement général, tête au droit, écusson au revers, il rappelle les pièces d'or de 1883.

Monnaies de composition dite argentan. — La loi du 7 mai 1850 ordonna la frappe de pièces de 20, 10 et 5 *centimes* ou *rappes* en un métal dit argentan, formé d'un alliage d'argent, de cuivre, de nickel et de zinc. C'était la première fois que le nickel était employé comme métal monétaire. Ces pièces portent à l'avers l'écu de la Confédération, brochant sur un motif de feuillages et surmonté du mot HELVETIA. Le revers porte, dans une couronne, le chiffre indiquant la valeur. Les coins sont dus au graveur bavarois Voigt (fig. 389).

Fig. 389 Fig. 390

Monnaies de nickel. — En 1879, ces monnaies de billon ont été remplacées par des pièces de nickel de même valeur nominale. Notre figure 390 en donne le type.

Monnaies de cuivre. — Le type des pièces de cuivre de 1 et 2 *centimes* se compose de l'écu de la Confédération, placé entre deux branches de laurier et de chêne, et surmonté du chapeau de la Liberté. Le revers porte le chiffre de la valeur inscrit dans une couronne.

CHAPITRE SEPTIÈME

L'ITALIE

DEPUIS L'INVASION FRANÇAISE DE BONAPARTE

SOURCES : F. et E. Gnecchi, *Saggio di bibliografia numismatica delle zecche italiane medioevali e moderne.* Milan, 1889, gr. in-8. — D. Promis, *Monete dei reali di Savoja.* Turin, 1841, 2 vol. in-4. — F. et E. Gnecchi, *Le monete di Milano da Carlo Magno a Vittorio-Emmanuele II.* Milan, 1884, gr. in-4. — A. Cinagli, *Le monete dei Papi descritte in tavole sinottiche.* Fermo, 1848, in-fol. — J. et A. Sambon, *Collezione Sambon. Monete dell' Italia meridionale.* Milan, 1897, in-8. — S. Ambrosoli, *Numismatica,* dans la collection des *Manuali Hoepli,* Milan, in-12. — Les sources citées en tête du chapitre premier.

Nous diviserons la numismatique italienne du XIXe siècle en deux parties. Dans la première nous passerons en revue toutes les divisions politiques, — survivances du moyen-âge, improvisations éphémères de la révolution française et de Napoléon I, créations des traités de 1815, — qui, à l'exception de la république de Saint-Marin, ont successivement disparu par la formation de l'unité nationale. Dans la seconde partie nous passerons en revue l'histoire monétaire du royaume de Sardaigne, qui, par ses annexions successives, est devenu l'Italie actuelle.

§ I. — *États antérieurs à l'unité italienne.*

a). — *République piémontaise ou Gaule subalpine.*

En 1798, Charles-Emmanuel, roi de Sardaigne, fut chassé de ses états continentaux par une armée française qui y organisa une République piémontaise. La Monnaie de Turin frappa aussitôt des *demi-écus* et *quarts d'écu* d'argent et des pièces de 2 *soldi* de cuivre au nom du nouveau gouvernement.

Le type des pièces d'argent se compose, à l'avers, d'une Liberté en marche, casquée, tenant le faisceau et montrant les Alpes; la légende est: LIBERTA. VIRTU. EGUAGLIANZA. Au revers, les mots: ANNO VII REP. I DELLA LIBERTA PIEMONTESE entourent une couronne de chêne dans laquelle est inscrit le nom de la pièce. Les pièces de 2 *soldi* portent à l'avers un niveau.

En 1799, les troupes françaises furent chassées d'Italie, mais la victoire de Marengo, en 1800, rétablit la République piémontaise sous le nom de Gaule subalpine. Deux monnaies frappées à Turin l'an 9 et l'an 10, et dont les coins, dus à Lavy, peuvent compter parmi les chefs-d'œuvre de la gravure monétaire, rappellent ces événements. La pièce d'or de 20 francs, connue sous le nom de *Marenghino*, porte à l'avers une tête de Minerve casquée et la légende: L'ITALIE DÉLIVRÉE A MARENCO. Le revers porte les mots: LIBERTÉ ÉGALITÉ ERIDANIA autour d'une couronne qui renferme, placées en trois lignes, les indications de la valeur et de l'année républicaine. La pièce de 5 francs en argent représente la Gaule subalpine, tenant une palme et une couronne, et posant la main gauche sur l'épaule de la France républicaine, qui porte le niveau et la pique surmontée du bonnet phrygien; le revers reproduit à quelques détails près celui de la pièce d'or.

En 1802, le Piémont fut annexé à la France, et Turin devint un atelier monétaire français.

b). — *République ligurienne.*

En 1796, la ville de Gênes fut occupée par la France et, l'année suivante, Bonaparte y substitua à l'ancien gouvernement aristocratique une république démocratique qui prit le nom de République ligurienne. En 1805, Gênes fut annexée à l'empire français.

De 1798 à 1805, la République ligurienne émit une série de monnaies comprenant les unités suivantes: pièces d'or de 96, 48, 24 et 12 *lire*, pièces d'argent de 8, 4, 2 *lire* et d'une *lira*, pièces de billon de 10 *soldi*. Le type des pièces d'or se compose, à l'avers, de la République assise à gauche, tenant une pique et s'appuyant sur l'ancien écu de la cité: REPUBLICA LIGURE, au revers, d'un faisceau avec bonnet phrygien dans une couronne: NELL' UNIONE LA FORZA. Les pièces d'argent ont d'un côté la Liberté et l'Égalité debout, se tenant enlacées, de l'autre, l'écu génois brochant sur le faisceau dans une couronne. Les coins sont gravés par Vassallo.

c). — *Venise pendant l'occupation française de 1797.*

En avril 1797, après le massacre des Français à Vérone, Bonaparte déclara que l'antique république de Venise avait cessé d'exister. Le doge Louis Manin se démit de ses fonctions et une armée française occupa la cité de l'Adriatique. Le traité de Campo-Formio, du 17 octobre 1797, céda Venise à l'Autriche.

Pendant l'occupation française de 1797, la *zecca* de Venise émit des *écus* d'argent de 10 *lire*, portant à l'avers la Liberté debout devant un amas d'armes et de drapeaux; la légende circulaire est: LIBERTA EGUAGLIANZA. Au revers, les mots: ANNO I DELLA LIBERTA ITALIANA 1797, entourent une couronne dans laquelle est inscrite en trois lignes la valeur de la pièce: LIRE DIECI VENETE. Il existe de ces pièces deux coins différents.

d). — *Républiques cispadane et transpadane.*

Après la victoire de Lodi, remportée, le 10 mai 1796, sur les Autrichiens, Bonaparte créa sur la rive méridionale du Pô une République cispadane qui comprit Bologne, Modène, Reggio et Ferrare. L'atelier monétaire de Bologne, qui avait ouvré jusque-là pour le pape, continua en 1796 et 1797 l'émission, déjà commencée en 1795, des pièces d'argent, *écus* et *demi-écus,* sans mention du gouvernement pontifical. L'avers porte le buste de la Madone, dans les nuages au-dessus de la ville, avec la légende: PRAESIDIVM ET DECVS; le revers montre l'écu écartelé de Bologne: POPVLVS ET SENATVS BONON. ; à l'exergue figurent l'indication de la valeur, 10 ou 5 *paoli,* et la date.

La République transpadane, fondée également par Bonaparte, en 1796, au nord du Pô, n'a pas laissé de souvenirs monétaires.

e). — *République cisalpine.*

Les deux Républiques transpadane et cispadane furent réunies en une *République cisalpine,* dont l'existence fut reconnue en 1797 par le traité de Campo Formio. Pendant que Bonaparte se trouvait en Egypte, les Autrichiens envahirent la Lombardie. Le général Foissac-Latour, cerné dans Mantoue, dut capituler le 30 juillet 1799, après soixante-douze jours de blocus et vingt jours de siège. Pendant l'investissement, il fit frapper des pièces de 10 et de 5 *soldi* en billon, et couler des pièces d'un *soldo* en métal de cloches. Le type de ces monnaies se compose d'un faisceau consulaire surmonté du bonnet phrygien, avec la légende: ASSEDIO DI

MANTOVA ANNO VII R. On émit également des pièces empreintes d'anciens coins autrichiens du règne de Marie-Thérèse[1].

Reconstituée après la bataille de Marengo, en 1800, la République cisalpine fut reconnue de nouveau, l'année suivante, par la paix de Lunéville. Pendant cette seconde période, l'atelier monétaire de Milan émit deux monnaies d'argent aussi remarquables par leur exécution que par leur intérêt historique. La première, un écu de *six lire*, représente à l'avers la République cisalpine debout, dans une attitude de remerciement, devant la France assise : ALLA NAZ. FRAN. LA REP. CISAL. RICONOSCENTE; le revers porte, au milieu d'une couronne de chêne, en quatre lignes : SCUDO DI LIRE SEI 27 PRATILE ANNO VIII. La seconde monnaie, une pièce de 30 soldi, porte à l'avers le buste cuirassé, casqué et couronné d'épis de la République cisalpine, et au revers, au milieu du champ, en cinq lignes : PACE CELEBRATA FORO BONAPARTE FONDATO ANNO IX.

f). — *République italienne.*

En 1802, Bonaparte transforma la République cisalpine en une *République italienne,* dont il se fit donner la présidence.

La république italienne n'a pas laissé de monnaies effectives, mais il existe deux séries complètes de projets monétaires officiels. Les pièces d'or portent l'effigie de Bonaparte : BONAPARTE FONDATORE E PRESIDENTE; les pièces d'argent et de cuivre se distinguent par les attributs du commerce, de l'agriculture ou de la justice.

g). — *Royaume d'Italie.*

En 1805, la République italienne devint le *royaume d'Italie* sous le sceptre de Napoléon I, qui avait ceint en France la couronne impériale. La même année, le territoire du royaume s'augmenta de la Vénétie, enlevée à l'Autriche par le traité signé à Presbourg le 26 décembre.

Par décret du 21 mars 1806, Napoléon I introduisit dans son royaume d'Italie le système monétaire français, mais en conservant les dénominations de *lira* et de *soldo.* Un décret du 24 janvier 1807 donna cours en France à toutes les monnaies du royaume. Trois ateliers, Milan, Bologne et Venise, fabriquèrent ces espèces en différenciant leurs émissions par leurs initiales M, B, V.

1. E. Zay, *La monnaie obsidionale de Mantoue,* dans l'*Annuaire de la Soc. franç. de numism.,* 1891.

En 1813, lorsque les Alliés envahirent les possessions napoléoniennes, une armée pénétra en Vénétie. La capitale fut bloquée et émit une monnaie obsidionale. En 1814, la petite ville de Palmanova, près d'Udine, se trouvant assiégée à son tour, frappa des pièces de nécessité de 50 *centesimi*, en cuivre saucé, au type de la couronne de fer. La fabrication de ces pièces est extrêmement grossière.

h). — *Venise sous la première domination autrichienne* (1797-1805).

Venise appartint une première fois à l'Autriche, depuis le traité de Campo-Formio jusqu'à celui de Presbourg. Pendant cette période, le monnayage se fit au nom de l'empereur François II, et les pièces d'argent portèrent à l'avers l'aigle autrichienne, mais le système monétaire vénitien fut conservé.

i). — *Royaume d'Étrurie.*

Le grand-duché de Toscane fut occupé par les armées françaises en 1796. Le traité de Lunéville, en 1801, l'enleva à Ferdinand III d'Autriche et l'érigea en royaume d'Étrurie en faveur du jeune duc de Parme, Louis I, dont les états furent réunis à la France.

Louis I, roi d'Étrurie, mourut en 1803 ; son fils Charles-Louis lui succéda sous la tutelle de sa mère, Marie-Louise de Bourbon, fille de Charles IV, roi d'Espagne. En 1807 le royaume d'Étrurie fut annexé à la France.

Les monnaies du royaume d'Étrurie furent frappées à Florence et à Pise. Les pièces d'or, *sequins*, *demi-sequins* et *triples sequins* ou *rusponi*, ne portent pas l'effigie du roi ; à l'avers nous retrouvons l'antique fleur de lis florentine ; au revers, l'image traditionnelle de saint Jean-Baptiste. Sous Charles-Louis, les plus fortes monnaies d'argent portent les bustes du jeune roi et de sa mère et tutrice ; les pièces frappées à Florence, écus de 10 et de 5 lire, présentent ces deux bustes accolés à droite ; sur les monnaies émises à Pise, conformes au système de compte pisan, qui avait le *paolo*, et non la *lire*, comme base, les deux bustes sont affrontés.

j). — *Principautés de Lucques et de Piombino.*

En 1805, Napoléon érigea Lucques et Piombino en principautés, et en fit don à son beau-frère Félix Bacciochi, mari d'Élisa Bonaparte.

De 1805 à 1808 furent frappées, aux bustes des deux époux, des pièces d'argent de 5 *franchi* et d'un *franco,* et des pièces de cuivre de 5 et de 3 *centesimi*. En 1809, les principautés de Lucques et de Piombino furent jointes au royaume d'Étrurie, qui avait été reconstitué au profit d'Élisa Bonaparte.

k). — *République romaine.*

En 1798, Rome fut occupée par une armée française et le pape fut dépouillé de ses états. Le 15 février 1798 (27 pluviôse an VII) la République romaine fut proclamée. En 1799 le gouvernement pontifical fut rétabli et, en 1801, la paix de Lunéville reconnut la souveraineté du pape. La série monétaire de la République romaine comprend des *écus* d'argent frappés à Rome (type : la Liberté debout, appuyée sur un faisceau) et à Pérouse (type : aigle sur un foudre), et un grand nombre de pièces de cuivre : *due baiocchi, baiocco, mezzo baiocco* et *quatrino,* frappées à Rome, Ancône, Macerata, Fermo, Ascoli, Foligno, Pérouse, Gubbio et Pergola.

l). — *Royaume lombardo-vénitien.*

A la chute de Napoléon I, la partie septentrionale du royaume d'Italie fut donnée à François I, empereur d'Autriche, et forma le royaume lombardo-vénitien. Les monnaies frappées par François I (1815-1835) dans ses ateliers de Milan et de Venise, consistent en *lires autrichiennes.* Ces *lires autrichiennes* se divisaient, comme le franc ou lire italienne, en 100 *centesimi,* mais avaient une valeur moindre. La *lira austriaca* ne valait en effet que 87 *centesimi italiani.*

A partir du 1er novembre 1823, ce système monétaire fut imposé à toutes les parties du royaume lombardo-vénitien ; il avait l'avantage d'être en rapport avec le système de l'empire d'Autriche, car trois *lire austriache* valaient exactement un *florin* autrichien.

Les monnaies d'argent de François I (*lira austriaca, mezza lira* et *quarto di lira*) ont l'effigie du monarque, qui prend les titres de D. G. AUSTRIAE IMPERATOR LOMB. ET VEN. REX. A. A. Le revers porte les armes écartelées de Lombardie et de Vénétie, avec un petit écusson d'Autriche sur le tout. Le nom du roi n'est pas inscrit sur les pièces de cuivre ; celles-ci portent à l'avers la couronne de fer surmontée de la couronne impériale, entourées des mots : REGNO LOMBARDO VENETO, et au revers se trouve, dans le champ, l'indication de la valeur : 5 ou 3 CENTESIMI, ou : 1 CENTESIMO, avec le millésime.

Indépendamment des monnaies destinées spécialement à la Lombardie et à la Vénétie, les ateliers de Milan et de Venise frappèrent des monnaies d'or (*souverains* et *demi-souverains*) et d'argent (*conventions-thaler* et divisions) pour la circulation générale de l'empire d'Autriche. Ces officines différenciaient leurs produits par les lettres M ou V.

Sous Ferdinand I (1835-1848), ce monnayage continua, mais, pour le royaume lombardo-vénitien, on n'émit que des pièces de cuivre, que le millésime distingue seul de celles de François I.

En 1848, les révolutions de Paris et de Vienne eurent leur contre-coup à Milan et à Venise, qui s'insurgèrent contre la domination despotique des *tedeschi*. A Milan, le gouvernement provisoire, GOVERNO PROVVISORIO DI LOMBARDIA, s'empressa de frapper des monnaies nouvelles, conformes au système monétaire français, qui était celui de l'ancien royaume d'Italie. Il y eut des pièces d'or de 40 et de 20 *lire italiane*, des pièces d'argent de 5 *lire*, 2 *lire* et 1 *lira*; ces deux dernières ne furent frappées qu'à titre d'essai. Le type de l'avers montre l'Italie debout, la main levée; la légende est: ITALIA LIBERA DIO LO VUOLE. A Venise, l'ancien système français fut également remis en vigueur par les insurgés: on frappa des pièces d'or de 20 *lire*, des pièces d'argent de 5 *lire* et des monnaies divisionnaires au type traditionnel du lion de Saint-Marc. Un troisième monnayage se rattache à la révolution italienne de 1848: les Autrichiens assiégés dans Mantoue y frappèrent des monnaies obsidionales. François-Joseph I, qui succéda en 1848 à Ferdinand I, après l'abdication de celui-ci, reprit à Milan et à Venise le monnayage des *lire austriache* et de leurs divisions. Les pièces d'argent portent son nom et son effigie. Les pièces de cuivre de François-Joseph, dont la série s'augmente d'une pièce de 10 *centesimi*, sont d'abord, au millésime près, identiques à celles de ses prédécesseurs; mais en 1852 leur type change, les mots : REGNO LOMBARDO VENETO et les couronnes disparaissent pour faire place à l'aigle autrichienne entourée de la légende: IMPERO AUSTRIACO. Comme sous François I et Ferdinand I, les ateliers de Milan et de Venise frappèrent, indépendamment de ces espèces locales, des monnaies d'or, d'argent et de cuivre pour l'usage général de l'empire d'Autriche. En 1859, la guerre de l'Autriche contre la Sardaigne et la France amena la cession de la Lombardie à Victor-Emmanuel II. En 1866, la Vénétie lui fut également abandonnée par les Autrichiens.

m). — *Duchés de Parme, de Plaisance et de Guastalla.*

En 1814, l'empereur d'Autriche revendiqua les duchés de Parme, de Plaisance et de Guastalla et en fit don à sa fille Marie-Louise, épouse de

Napoléon I, sous la condition qu'à la mort de cette princesse ils feraient retour aux descendants de l'infant d'Espagne, ancien roi d'Étrurie.

Marie-Louise a laissé une série monétaire très complète, frappée suivant le système français. Les pièces d'or de 40 et de 20 *lire*, les pièces d'argent de 5 *lire*, 2 *lire* et 1 *lira* portent à l'avers le buste, au revers les armes. Sur les pièces d'argent de 10 et de 5 soldi le buste est remplacé par le chiffre couronné de Marie-Louise. Le cuivre porte à l'avers les armes, au revers l'indication de la valeur dans le champ. La duchesse s'intitule sur ses espèces : MARIA LUIGIA IMP. ARCID. D'AUSTRIA PER LA GR. DI DIO DUCH. DI PARMA PIAC. E GUAST. Elle mourut en 1847.

n). — *Duché de Lucques.*

Le traité de Vienne, en 1815, accorda le duché de Lucques à l'ancienne reine d'Étrurie Marie-Louise, infante d'Espagne. Elle régna jusqu'en 1824, et laissa son trône à son fils Charles-Louis I, qui, en 1847, haï de ses sujets, abdiqua en faveur du grand-duc de Toscane.

Charles-Louis I, duc de Lucques, a fait frapper à son buste ou à ses armes des monnaies conformes au système monétaire français. La pièce la plus forte est celle de 2 *lire.*

o). — *Grand-duché de Toscane.*

En 1814, la Toscane fit retour à la maison d'Autriche et Ferdinand III, qui avait été dépossédé par la France en 1801, remonta sur le trône. En 1824, son fils Léopold II lui succéda ; il régna jusqu'en 1859 ; l'année suivante, un plébiscite des Toscans réunit leurs pays au nouveau royaume constitutionnel de Victor-Emmanuel II.

Après la restauration de Ferdinand III, le système monétaire français, qui avait été mis en vigueur pendant la réunion de la Toscane au royaume d'Italie, fut supprimé et remplacé par les anciens systèmes toscans. Un grand désordre régna toujours dans les monnaies, malgré la réforme de 1826, complétée par les ordonnances additionnelles de 1837. On adopta à cette époque comme poids monétaire la *libbra* à 12 onces, à 24 denari, à 24 grani, équivalente à 339 gr. 542, et comme unité monétaire la *lira della moneta buona,* renfermant 83 grani d'argent fin. La lira se subdivisait en 20 soldi à 12 denari, soit en 240 denari. Dans l'impossibilité où le gouvernement se trouvait de supprimer complètement les anciennes monnaies de compte, on continua toutefois à frapper des *florins* d'argent, qui se divisaient en 100 quatrini ou 400 denari, et qui valaient par conséquent 1 $\frac{2}{3}$ lira. Une autre monnaie de compte qui survécut fut le *paolo,* dont dix valaient 4 florins. En somme, toutes ces espèces, en apparence disparates, avaient le *denier* pour base; c'est comme multiples de ce denier que toutes les monnaies réelles de la Toscane figurent en italiques dans le tableau suivant :

Cuivre.	*Denier* ou picciolo.
	4 deniers = *quatrino.*
Argent.	12 deniers = 3 quatrini = *soldo.*
	20 deniers = 5 *quatrini* ou *crazia.*
	40 deniers = 10 *quatrini* ou *pièce de 2 crazie.*
	80 deniers = 20 quatrini = *demi-paolo.*
	100 deniers = 25 quatrini = *quart de florin.*
	120 deniers = 30 quatrini = *mezza lira* ou *demi-lira.*
	160 deniers = 40 quatrini = *paolo.*
	200 deniers = 50 quatrini = *mezzo fiorino* ou *demi-florin.*
	240 deniers = 60 quatrini = *lira della moneta buona* = $1\frac{1}{2}$ paoli.
	400 deniers = 100 quatrini = *fiorino* ou florin = $1\frac{2}{3}$ lire = $2\frac{1}{2}$ paoli.
	800 deniers = 200 quatrini = 2 *florins* = 5 paoli.
	1200 deniers = 300 quatrini = 5 lire ou *mezza dena.*
	1600 deniers = 400 quatrini = 4 florins ou *francescone* ou *léopoldone* = 10 paoli.
	2400 deniers = 600 quatrini = 10 lire ou *dena.*
Or.	3200 deniers = 800 quatrini = 8 florins ou *zecchino* = 20 paoli.
	9600 deniers = 2400 quatrini = 24 florins ou *ruspone* = 60 paoli.
	32000 deniers = 8000 quatrini = 80 florins ou *léopoldine* = 200 paoli.

Les types monétaires de la Toscane sont, en or, la fleur de lis florentine, l'image de saint Jean-Baptiste ou les armes ; en argent, l'effigie du grand-duc, ses armes, la même fleur de lis, ou enfin une inscription indiquant la valeur placée au milieu du champ.

p). — *États de l'Église.*

En 1799, la République romaine, dont nous avons parlé plus haut, prit fin et le pape Pie VII reprit possession de ses états. Ce ne fut toutefois que pour quelques années. En 1808, il fut obligé de céder ses provinces du nord au royaume d'Italie, et l'année suivante Napoléon I incorpora le reste des états romains à l'empire français ; à son fils, né en 1811, il donna le titre de roi de Rome. Les traités de 1814 rendirent au pape toutes ses possessions italiennes. En 1848, la révolution éclata à Rome et la république romaine fut rétablie, mais l'année suivante une expédition française ramena le pape dans sa capitale. En septembre 1870, une armée italienne entra à Rome et, le 9 octobre suivant, le pouvoir temporel fut définitivement aboli. Voici la chronologie des papes pendant la période dont nous venons de résumer l'histoire :

* Pie VII Chiaramonti, 1799-1809.
[* Réunion de Rome à l'empire français, 1809-14.]
* Pie VII, rétabli, 1814-23.
* *Vacance du Saint-Siège,* 1823 ; cardinal Bartolomeo Pacca, camerlingue.
* Léon XII della Genga, 1823-29.
* *Vacance du Saint-Siège,* 1829 ; cardinal Pier Francesco Galleffi, camerlingue.
* Pie VIII Castiglione, 1829-30.
* *Vacance du Saint-Siège,* 1830-31; cardinal P.-F. Galleffi, camerlingue.
* Grégoire XVI Capellari, 1831-46.
* *Vacance du Saint-Siège,* 1846; cardinal Riario Sforza, camerlingue.
* Pie IX Mastaï Ferretti, 1846-48.
[* République romaine, 1848-49].
* Pie IX, rétabli, 1849-70.

Après le retour du pape Pie VII, le système monétaire français fut remplacé par les anciens systèmes de Rome et de Bologne, précédemment en usage dans les États de l'Église. Une ordonnance du 25 mars 1818 décida que le système romain serait désormais le seul en usage. Les monnaies frappées à Bologne continuèrent toutefois à porter des empreintes spéciales.

Une nouvelle ordonnance, du 11 janvier 1835, vint apporter dans le monnayage pontifical des modifications importantes. Le système décimal français fut adopté pour les poids des espèces ; de nouvelles monnaies d'or furent créées ; la diversité des types, qui avait fait jusqu'alors le charme des séries pontificales, prit fin : désormais les pièces portèrent au droit l'effigie du pape, au revers l'indication de leur valeur, inscrite dans une couronne de laurier. Les lettres R et B différencièrent seules les produits de l'atelier de Rome et de celui de Bologne. Il y eut, en or, des pièces de *10 scudi,* de *5 scudi,* de *deux scudi et demi,* puis, plus tard, d'un *scudo* ; en argent l'échelle des valeurs comprit six pièces : *scudo* de 100 baiocchi, *mezzo scudo* de 50 baiocchi, *teston* de 30 baiocchi, pièce de 20 baiocchi dite aussi *papetto,* pièce de 10 baiocchi ou *paolo, grosso* ou demi-paolo. Quelques pièces de cuivre complétaient la série.

Fig. 391

Après la mort de Grégoire XVI, en 1846, le Sacré Collège émit pour la dernière fois des monnaies pendant la vacance du Saint-Siège ; ces pièces reproduisent le type traditionnel : d'un côté les armes du cardinal camerlingue, de l'autre, la colombe du Saint-Esprit dans une gloire.

Pie IX frappa ses premières espèces suivant la législation adoptée en 1835. La république romaine de 1848 frappa des pièces de billon et de cuivre, depuis le *quattrino* jusqu'à 40 baiocchi, portant à l'avers un aigle tenant le faisceau consulaire, dans une couronne de chêne.

Pie IX, rétabli, introduisit, en 1866, dans ses états, le système monétaire décimal français; on possède de lui, en or des pièces de 100, 50, 20 (fig. 391) et 10 lire, en argent des pièces de 5, 2 $\frac{1}{2}$, 2 *lire*, 1 *lira*, 10, et 5 *soldi*, en cuivre des pièces de 4, 2 *soldi*, un *soldo*, un *mezzo soldo* et un *centesimo*. En février 1867, le gouvernement pontifical déclara se rallier à la convention de l'Union monétaire latine.

q). — *République napolitaine.*

En janvier 1799, une armée française, sous les ordres du général Championnet, prit la ville de Naples, qui se constitua en république. Dès le mois de juin de la même année, Ferdinand IV de Bourbon, roi des Deux-Siciles, rentrait en possession de sa capitale.

La République napolitaine, malgré son existence éphémère, a frappé des *écus* d'argent de 12 carlins, des *demi-écus* d'argent de six carlins, des pièces de cuivre de 6 et 4 *tornesi*. Les monnaies d'argent portent la déesse de la Liberté debout, entourée des mots : REPUBLICA NAPOLITANA; au revers les mots : ANNO SETTIMO DELLA LIBERTA entourent l'indication de la valeur placée au milieu du champ. Le type des pièces de cuivre se compose du faisceau consulaire.

r). — *Royaume des Deux-Siciles.*

Au commencement du XIXe siècle, Naples et la Sicile appartenaient à Ferdinand de Bourbon, qui était monté sur le trône en 1759, sous les noms de Ferdinand IV à Naples et de Ferdinand III en Sicile. De 1806 à 1815, deux princes français, Joseph Bonaparte, puis Joachim Murat, occupèrent la partie continentale de ses états, mais ils ne parvinrent pas à se rendre maîtres de la partie insulaire. En 1816, Ferdinand de Bourbon rentra en possession de Naples et prit le titre de Ferdinand I. Il eut pour successeurs :

- * François I, 1825-34.
- * Ferdinand II, 1834-58.
- * François II, 1858-60.

En 1860, les troupes de Garibaldi mirent fin à la domination bourbonienne, et le royaume des Deux-Siciles fut déclaré partie intégrante de l'Italie unie. Le système et les types monétaires de Naples et de la

Sicile étant distincts, nous examinerons successivement la numismatique des deux parties du royaume :

Sicile. — On comptait en Sicile par *onces* divisées en 30 *tari* à 20 *grani*. Le poids monétaire était la *libbra siciliana*, qui se divisait en 5760 grani et correspondait à 317 gr. 368. Ferdinand III frappa dans son atelier de Palerme des pièces d'or de 2 *onces* portant, à l'avers, sa tête avec couronne radiée, tournée à droite, au revers, la *trinacria*, emblème de la Sicile. Les monnaies d'argent consistent en *onces* ou pièces de 30 tari, *piastres* de 12 tari, pièces de 6 et de 3 *tari*, d'un *tari* et d'un *demi-tari*; les monnaies de cuivre en pièces de 10 *grana*, 5 *grana*, 2 *grana*, 1 *grano*. Le *grano* de Sicile ne valait que la moitié de celui de Naples. Le type des pièces d'argent et de cuivre se compose du buste royal, d'un phénix renaissant de ses cendres, d'un aigle, d'une croix portant une couronne à l'extrémité de trois de ses bras, d'une gerbe de blé entre deux cornes d'abondance.

Naples. — On comptait à Naples en ducats ou *ducati di regno* et, sous Ferdinand IV, l'on frappait en or des pièces de 6, 4 et 2 *ducats*, en argent des *ducats* ou pièces de 10 carlins, des *demi-ducats* de 5 carlins, des *scudi* de 12 carlins ou 120 grani, des *mezzi-scudi* de 6 carlins, des *doubles carlins* ou *tari*, des *carlins*, enfin, en cuivre une grande quantité d'espèces divisionnaires, multiples du *tornese*, du *cavallo* et du *quattrino*.

Joseph-Napoléon (1806-1808) régla son monnayage par décret du 12 janvier 1807, mais les seules pièces qui nous restent de son règne sont des *scudi* de 120 grani d'argent portant à l'avers sa tête nue tournée à gauche, au revers, les armes soutenues par deux sirènes. Ses titres sont : IOSEPH. NAPOL. D. G. UTR. SICIL. REX. PRINCEPS GALLICUS MAGNUS ELECTOR IMPERII. Lorsque Joachim Murat (1808-1815) eut remplacé son beau-frère, il frappa d'abord des *scudi* de 120 grani et quelques pièces de cuivre du système napolitain. Puis, dès 1810, il introduisit le système monétaire français dans ses états; de cette année, nous avons des pièces d'or de 40 *franchi*. Le monnayage, interrompu, reprit en 1813 avec des pièces d'or de 40 et de 20 lire, des pièces d'argent de 5, 2 et 1 *lire* et des essais de cuivre. Toutes ces pièces sont d une glyptique particulièrement remarquable. Murat s'intitule d'abord GIOACCHINO NAPOLEONE RE DELLE DUE SICILIE PRINCIPE E GRAND' AMMIRAGLIO DI FRANCIA, mais sur l'émission de 1813 le titre de grand amiral est omis.

Ferdinand I de Bourbon, restauré (1816-1825), en revint au système monétaire napolitain. En 1818, par édit du 20 avril, il accomplit une réforme qui unifia la circulation métallique de Naples et de la Sicile. Le nouveau système eut pour base le *nouveau ducat d'argent*, divisé en 100 grani à 10 cavalli. Comme poids monétaire, il adopta la *libbra* divisée en 12 onces à 30 trappesi à 20 acini ou grani, équivalent à 320 gr. 759. En or on frappa des pièces de 10 *oncette* ou 30 ducats, de 5 *oncette* ou 15 ducats, de 2 *oncette* ou 6 ducats, et des *oncette* ou 3 ducats; en argent, des *scudi* de 12 carlins, des *ducats* de 10 *carlins*, des pièces de 6 *carlins*, des pièces de 2 *carlins* et des *carlins*. Le type des pièces d'or se compose de la tête du roi et, au revers, d'un génie nu, debout, tenant un bouclier fleurdelisé et s'appuyant de la main droite sur un autel, sur lequel est posée la couronne royale. Le revers des monnaies d'argent porte l'écu couronné du royaume. Toutes ces pièces ont l'indication de leur valeur; l'or porte en outre l'indication de son poids en *acini* et de son titre en *millesimi*. Le monnayage du royaume des Deux-Siciles ne subit aucune modification notable sous les successeurs de Ferdinand I.

s). — *République de Saint-Marin.*

La république de Saint-Marin, située sur une montagne, autrefois enclavée dans les États de l'Église, est le seul des anciens états italiens qui ait conservé son indépendance depuis la formation de l'unité nationale. En 1861, et depuis lors à plusieurs reprises, la minuscule république a fait frapper dans les ateliers du royaume d'Italie des monnaies de bronze de 10 et de 5 *centesimi*; elles portent à l'avers les armes de Saint-Marin : une montagne surmontée de trois châteaux. En 1898, la république a fait frapper pour la première fois des pièces d'argent de 50 *centesimi*, d'une *lire*, deux *lire* et cinq *lire*. Le type est analogue à celui des pièces de bronze; les coins sont l'œuvre du graveur italien Speranza.

§ II. — *Le royaume de Sardaigne et l'Italie actuelle.*

En 1798, la France s'étant annexé toutes les possessions de terre ferme du royaume, le roi Charles-Emmanuel IV se retira dans l'île de Sardaigne. En 1802, il abdiqua en faveur de son frère Victor-Emmanuel I, qui, en 1814, rentra dans ses anciennes provinces continentales, auxquelles vinrent s'ajouter Gênes et ses dépendances. Il mourut en 1821. Il eut pour successeurs Charles-Félix (1821-1831), puis Charles-Albert (1831-1849), qui abdiqua en 1849 en faveur de son fils Victor-Emmanuel II. En 1859, grâce à l'appui de la France, Victor-Emmanuel II put vaincre les Autrichiens et réunir la Lombardie à ses états, mais la Savoie et Nice furent rendues à la France. Dans le courant de la même année et en 1860, Parme, Modène, la Toscane et la Romagne votèrent leur annexion à la Sardaigne. En 1860, le royaume des Deux-Siciles fut conquis par Garibaldi, et en février 1861, le parlement de Turin proclama Victor-Emmanuel II roi d'Italie. En 1866, la Vénétie fut réunie au royaume, enfin en 1870 une armée italienne entra à Rome, qui en devint la capitale.

Fig. 392

Les premières monnaies de Victor-Emmanuel I furent frappées en 1812 à Cagliari, dans l'île de Sardaigne; elles sont conformes au système spécial en usage dans cette île. Elles consistent en *réaux* de billon au buste et aux armes, et en pièces de cuivre de 3 *cagliaresi*; celles-ci portent d'un côté les armes de l'île de Sardaigne, occupant tout le champ, de l'autre les mots CAGLIARESI TRE en deux lignes. Lorsqu'en 1814, il fut retourné dans ses anciens états de terre ferme, Victor-Emmanuel I réorganisa l'atelier de Turin et décida le retour à l'ancien système monétaire piémontais. On frappa donc des *doppie* d'or de 24 lire piémontaises, puis des pièces de billon de *2 soldi 6 denari*, enfin des *demi-scuti* identiques à ceux qu'on frappait avant l'invasion française.

L'usage de compter en monnaie de France s'était tellement bien implanté en Savoie et en Piémont, que la tentative réactionnaire du roi provoqua des réclamations unanimes, si bien que, le 6 août 1816, Victor-Emmanuel I se décida à frapper de nouvelles pièces de 20 et de 5 lire conformes au système français. En 1819, il compléta la réforme en adoptant le système métrique pour le poids des monnaies et des matières précieuses. En 1820, le roi fit frapper à Turin et à Gênes des pièces d'or de 40 et de 80 lire, indépendamment de la pièce de 20 lire, puis des pièces d'argent de 5, 2 lire et 1 lira. Le revers ne porta plus que l'écu couronné de Savoie, au lieu des anciennes armes à multiples quartiers. Depuis 1816, Victor-Emmanuel I avait ajouté à ses titres celui de duc de Gênes : *dux Januæ*.

Charles-Félix (1821-1831) émit les mêmes espèces que son prédé-

Fig. 393

Fig. 394

cesseur, mais l'échelle des valeurs s'augmenta de pièces d'argent de 50 et et de 25 *centesimi*. Les types comprennent l'effigie royale et, au revers, l'écu à nombreux quartiers (fig. 393), sauf sur les pièces de 50 et 25 *centesimi* qui eurent l'écu simple à la croix de Savoie. A partir de 1825, on émit des pièces de cuivre de 5, 3 *centesimi* et 1 *centesimo*. Leur type se compose à l'avers d'un écu à l'aigle chargé, en abîme, d'un petit écu ovale de Savoie; l'écu est couronné et entouré de deux branches de chêne ; au revers ne figurent que des inscriptions : titulature du roi, indication de la valeur et millésime.

Charles-Albert (1831-1849) frappa des pièces d'or de 100, 50, 20 et

10 *lire* et des pièces d'argent de 5, 2 *lire*, 1 *lira*, 50 et 25 *centesimi*. Le revers des espèces est orné de l'écu simple à la croix de Savoie (fig. 394).

Les premières monnaies de Victor-Emmanuel II (1849-78) ne diffèrent guère de celles de son père que par le buste. La titulature resta la même: *Victorius Emmanuel II. D. g. rex. Sard. Cypr. et Hier. dux Sab. Genuae et Montisf. princ. Ped. etc.* La tête du roi est tournée à gauche sur l'or, à droite sur l'argent. En 1859, l'annexion de la Lombardie vint ajouter l'atelier de Milan à ceux de Turin et de Gênes. L'année suivante l'annexion de Parme et de Plaisance, de Modène, de la Toscane et des Romagnes, donna à Victor-Emmanuel deux ateliers nouveaux, ceux de Bologne et de Florence. Les pièces frappées dans ces ateliers portent l'inscription : REGIE PROVINCIE DELL' EMILIA.

Fig. 395

Le 17 mars 1861, Victor-Emmanuel II fut proclamé roi d'Italie. Ses monnaies portèrent désormais à l'avers : VITTORIO EMANUELE II, au revers, REGNO D'ITALIA. Après l'annexion de Naples, la Monnaie y resta en activité pour le compte du royaume d'Italie, de même qu'en 1870 la Monnaie de Rome. Le 23 décembre 1865 l'Italie conclut avec la France, la Belgique et la Suisse, l'*union monétaire latine* dont nous avons donné les clauses principales (p. 626).

Fig. 396

Le règne d'Humbert I (1878 à nos jours) est caractérisé par la suppression successive de tous les ateliers monétaires du royaume à l'exception de l'atelier de Rome où se concentre aujourd'hui toute la fabrication, puis par l'adoption du nickel, en 1894, pour la fabrication des monnaies divisionnaires de 20 *centesimi*. Ces monnaies de nickel ont été partiellement frappées à Berlin dans l'usine Krupp, dont le différent K B se voit à l'exergue de la pièce que nous reproduisons (fig. 396).

CHAPITRE HUITIÈME

L'ESPAGNE ET LE PORTUGAL

DEPUIS L'INVASION FRANÇAISE

SOURCES : A. Heiss, *Descripcion general de las monedas hispano-cristianas desde la invasion de los Arabes*. Madrid, 1865-69, 3 vol. in-4. — A. Campanes y Fuertes, *Indicador manual de la numismatica española*. Palma, 1891. petit in-8. — A.-C. Teixeira de Aragão, *Descripção geral e historica das moedas cumhadas em nome dos reis, regentes e governadores de Portugal*. Lisbonne, 1874-77, t. II, in-8. — A. de Foville, *Administration des monnaies et médailles. Rapport au ministre des finances*. Paris, in-8, 1896 et suiv. — *Catalogo de la colección de monedas y medallas de Manuel Vidal Quadras y Ramon de Barcelona*, tome III. Barcelone, 1892, in-4.

§ I. — *L'Espagne.*

En 1808, Charles IV, roi d'Espagne, abdiqua en faveur de son fils Ferdinand VII, mais aussitôt après il se rétracta et céda sa couronne à Napoléon I, qui en disposa en faveur de son frère Joseph-Napoléon, roi de Naples. Celui-ci fit son entrée solennelle à Madrid le 20 juillet 1808. Mais le peuple espagnol ne voulut pas accepter ce souverain étranger. Des juntes insurrectionnelles se formèrent dans toutes les provinces et treize jours après son arrivée dans la capitale, Joseph-Napoléon fut forcé de se réfugier à Miranda. Il revint à Madrid le 22 janvier 1809. Le 12 août 1812, il dut se retirer à Valence. Il rentra une troisième fois à Madridle 3 décembre 1813, mais en mai 1814, il abandonna définitivement l'Espagne, tandis que Ferdinand VII, que Napoléon I retenait prisonnier depuis 1808 à Valençay, reprenait le chemin de ses états héréditaires.

Joseph-Napoléon (1808-14) n'introduisit pas de modifications dans le système monétaire espagnol, qui continua à avoir pour base, soit le *real de vellon* ou réal de billon, soit le *real de plata* ou d'argent. La plus forte monnaie d'argent était le *douro* ou piastre, qui valait 20 *reales de vellon* ou 8 *reales de plata*; sauf sur des *douros* frappés en 1809, à titre d'essai, les indications de valeur, sur les monnaies de Joseph-Napoléon, sont données en *reales de vellon*. On possède de lui les espèces suivantes :

1. *Once* d'or, valant 320 *reales de vellon*.
2. *Dos escudos* d'or, valant 80 *reales de vellon*.

Le type de ces pièces se compose de la tête, d'abord nue, puis diadémée, du roi à gauche et, au revers, de l'écu couronné et entouré du collier de la toison d'or ; dans le champ figure l'indication de la valeur en réaux. Les légendes sont : IOSEPH. NAP. D. G. HISP. ET. IND. REX et IN UTROQ. FELIX. AUSPICE DEO.

3. *Douro* d'argent, valant 20 *reales de vellon* ou 8 *reales de plata*.
4. *Medio douro* d'argent, valant 10 *reales de vellon*.
5. *Peseta* d'argent, valant 4 *reales de vellon* ou un cinquième de *douro*.
6. *Media peseta* d'argent, valant 2 *reales de vellon*.
7. *Real sencillo* d'argent, valant 1 *real de vellon*. Il est à noter que le *real de billon*, monnaie de compte, était représenté par une monnaie réelle d'argent.

Le type des monnaies d'argent comprend la tête nue du roi à gauche et l'écu couronné accosté de l'indication de la valeur. Les légendes sont : IOSEPH NAP. DEI GRATIA. — HISPANIARUM ET IND. REX.

8. *Ocho maravedis* ou pièce de 8 maravedis de cuivre. Elle porte à l'avers la tête nue du roi accostée de l'indication de la valeur, au revers, dans une grande couronne de laurier, une croix ornée, portant au centre l'aigle de l'empire français et cantonnée de deux tours de Castille et de deux lions de Léon.

Les monnaies d'or et d'argent de Joseph-Napoléon ont été frappées à Madrid (différent : un M couronné), celles de cuivre, à Ségovie (différent : un aqueduc). Aux émissions de Joseph-Napoléon se rattachent les monnaies frappées à Barcelone, qui de 1808 à 1814 ne cessa d'être occupée par une garnison française. Les pièces barcelonaises, d'un caractère municipal, portent à l'avers l'écu losangé de la Députation entre deux branches de laurier, au revers le nom de la ville, la valeur et le millésime. On a frappé ainsi, conformément au système de compte particulier en usage en Catalogne, en or, le *doublon* de 20 *pesetas*, en argent, le *douro* de 5 *pesetas* et les pièces de 2 ½ *pesetas* et de 1 *peseta*, en cuivre, les pièces de 4, 2 *quartos* et 1 *quarto* (fig. 397).

Fig. 397

Tandis que Joseph-Napoléon ou les généraux français émettaient les espèces que nous venons d'énumérer, les juntes insurrectionnelles faisaient battre monnaie au nom de Ferdinand VII. Les produits de ce monnayage forment deux groupes : l'un comprend les espèces régulières frappées dans les ateliers de Madrid, Séville, Valence et Cadix, et dans un atelier créé en 1808 à Reus, qui fut transporté en 1810 à Tarragone et en 1811 à Palma de Majorque; l'autre embrasse les monnaies obsidionales ou de nécessité frappées en 1808 et 1809 dans des officines temporaires, disposant d'un matériel rudimentaire, improvisées suivant les vicissitudes de la lutte à Gérone, à Lérida, à Tarragone, à Tortose, à Palma de Majorque.

Le premier groupe comprend des monnaies d'or de 8 et 2 *escudos*, des monnaies d'argent frappées suivant le compte en *reales de plata* et valant 8, 4, 2 *reales de plata*, un *real* et un *demi-real*, des pièces de cuivre de 8, 4 et 2 *maravedis*. Le type de l'or et de l'argent a le buste ou la tête, parfois laurés, de Ferdinand VII et les armes couronnées. Les différents des ateliers sont un M couronné pour Madrid, un C couronné pour Cadix, un S pour Séville, un V pour Valence, enfin un C pour l'atelier qui siégea successivement à Reus, à Tarragone et à Palma. Le cuivre frappé à Jubia porte le différent J.

La série des monnaies obsidionales ne comprend que des *douros* d'argent, dont voici l'indication sommaire:

Gérone. — Une émission faite en 1808, pendant les deux sièges soutenus contre le général Duhesme, comprend des pièces formées d'un disque d'argent portant à l'avers un poinçon avec la légende : GNA. 1808. UN DOURO, au revers, un autre poinçon avec le nom du roi, FER. VII. Une autre émission en date de 1809, pendant le siège du maréchal Mortier, est faite avec des coins véritables, mais d'une gravure très grossière; les pièces ont d'un côté le buste de Ferdinand VII, de l'autre l'écu couronné accosté de la mention 5 P(*esetas*) et entouré de la légende : GERONA ANO DE 1809.

Lérida. — *Douros* de 5 pesetas, frappés en 1809. Il y eut deux émissions, la première de disques d'argent, contremarqués de l'écu de la ville au-dessus du nom : ILDE, et de quatre poinçons : 5 PS. FER. VII. 1809., le seconde de pièces frappées au moyen de coins, identiques aux pièces de Gérone, sauf le nom de LERIDA.

Tarragone. — Disques d'argent, portant d'un côté un poinçon à l'écu de Catalogne, de l'autre quatre poinçons : 5 PS FER. VII. 1809.

Tortosa. — Disques d'argent, marqués, d'un seul côté, d'un poinçon aux armes de la ville, entouré de trois poinçons : I DURO TOR.SA. Ces pièces n'ont pas de millésime.

Palma de Majorque. — *Douros* de 30 sous, ronds ou de forme octogonale; l'une des deux faces porte un poinçon aux armes de Palma ou de Majorque, l'autre face, les poinçons : 30 S. FER. VII. 1808.

Comme nous l'avons dit plus haut, Ferdinand VII rentra en Espagne en mai 1814. Le monnayage continua à son nom, sans changement ni dans le système, ni dans les types. Le nombre des pièces d'or s'augmenta toutefois de quelques unités. On frappa des *onces* ou pièces de 8 escudos, des *medias onzas* de 4 *escudos*, des pièces de 2 *escudos*, des *escudos* et des *escudillos* ou *medios escudos*, valant respectivement 320, 160, 80, 40 et 20 *reales de vellon*.

Le Conseil de régence qui, de Cadix, avait dirigé la guerre de l'indépendance, avait donné en 1812 à l'Espagne une constitution parlementaire. Ferdinand VII s'était hâté d'abolir cette constitution, mais en janvier 1820, son absolutisme et sa cruauté provoquèrent une révolution qui ne prit fin qu'en 1823, par l'intervention d'une armée française. Dès le mois de mars 1820, le roi avait rétabli la constitution de 1812. Cet événement politique eut son écho dans le monnayage ; le type des espèces subit certaines modifications ; le revers des *douros* reçut les armes d'Espagne placées entre les colonnes d'Hercule, type qui avait été réservé jusqu'alors aux émissions de l'Amérique espagnole ; les titres du roi devinrent : *Ferdinand 7° por la gracia de Dios y la constitucion rey de las Espanas*. Dans le nord de l'Espagne circulaient un grand nombre d'anciennes pièces d'argent françaises de 3 livres. En 1821, le gouvernement espagnol les fit refrapper sans les refondre et les remit dans la circulation pour un *demi-douro* ou 10 réaux. Leur type comprend à l'avers la tête nue du roi, à droite, au revers le mot RESELLADO (surfrappé) et l'indication de la valeur dans une couronne. Des officines temporaires furent créées pour cette opération de surfrappage. Le catalogue Quadras indique des *resellados* pour Madrid (s couronné), Séville (s), Bilbao ($\overset{o}{\text{B}}$) et Santander ($\overset{R}{\text{S}}$).

En 1821, pendant les événements politiques dont l'Espagne continentale était le théâtre, un atelier provisoire fut ouvert à Palma de Majorque, dans le château de Bellver. On y frappa des *douros* de nécessité portant à l'avers deux poinçons, l'un à l'écu losangé de Majorque, l'autre aux mots SALUS POPULI ; au revers quatre poinçons : FR° VII 30 SOUS 1821. En 1823, une nouvelle fabrication de nécessité eut lieu à Palma dans l'ancien couvent des Capucins ; l'avers de ces nouveaux *douros* d'argent porte l'écu de Majorque, le nom et les titres du roi, au revers, les mots YSLAS BALEARES et le millésime dans une couronne de laurier.

Pendant que l'expédition française envoyée en Espagne par les gouvernements réactionnaires de l'Europe pour rétablir le pouvoir absolu de Ferdinand VII, assiégeait en 1823 la ville de Valence, on frappa dans cette place des pièces obsidionales d'argent de 4 *réaux*. L'avers porte le buste du roi entouré de ses titres constitutionnels, le revers, l'écu losangé de la ville, couronné et entouré de la légende : VAL(*encia*) SITIADO POR LOS ENEMIGOS DE LA LIBERTAD.

En 1823, Ferdinand VII étant de nouveau roi par la seule grâce de Dieu, les types monétaires redevinrent tels qu'ils avaient été avant le mouvement constitutionnel ; ils ne subirent plus de modifications jusqu'à la fin du règne. En 1830, Ferdinand VII, qui en dépit de quatre mariages successifs n'avait pas de descendant mâle, fit publier une pragmatique, votée en 1789 par les Cortès, qui reconnaissait l'aptitude des filles à régner. Il mourut en 1833, laissant le trône à sa fille Isabelle.

Isabelle II (1833-68) fut solennellement reconnue par les Cortès sous la tutelle de sa mère Marie-Christine. Un frère de Ferdinand VII, Charles de Bourbon, refusa d'admettre un règlement de succession qui lésait ses intérêts. Il protesta contre l'avènement de sa nièce et provoqua une guerre civile qui dura sept ans. En 1837, maître de Ségovie, Charles, qui s'intitulait *Carolus V Dei gratia Hispaniarum rex*, frappa dans cet atelier des *pesetas* d'argent et des pièces de 8 *maravedis* de cuivre.

Sous Isabelle II, les espèces furent fabriquées, en tous métaux, à l'effigie de la reine, avec la légende : ISABEL 2ª POR LA GRACIA DE DIOS — REYNA DE ESPANA Y DE LAS INDIAS. La loi du 1 décembre 1836 modifia cette titulature dans un sens libéral ; les pièces durent porter à l'avers : ISABEL II POR LA GRACIA DE DIOS Y LA CONSTITUCION, et au revers : REINA DE LAS ESPANAS ; sur la tranche des pièces d'argent de 20 réaux on inscrivit les mots LEY PATRIA REY.

Un décret royal du 15 avril 1848 vint modifier le système monétaire espagnol. En voici les principaux articles :

1. Dans tous les pays soumis à la domination espagnole, l'unité monétaire sera le *réal*, monnaie effective d'argent, à la taille de 175 au marc de 4708 grains. — 2. L'aloi de toutes les monnaies d'argent et d'or qui seront frappées à l'avenir sera de 900 millièmes de fin et 100 millièmes d'alliage... — 3. Les pièces qui seront frappées seront : en or, le *doublon d'Isabelle*, valant 100 réaux, pesant 167 grains à la taille de 27 $\frac{6}{10}$ au marc ; en argent, le *douro* valant 20 réaux, à la taille de 8 $\frac{3}{4}$ au marc, le *medio douro* ou *escudo* valant 10 réaux à la taille de 17 $\frac{1}{2}$ au marc, la *peseta* valant 4 réaux à la taille de 43 $\frac{3}{4}$ au marc, la *media peseta*, le *réal*. — 5. Le diamètre de ces monnaies sera le suivant : en or, le *doublon d'Isabelle*, 11 $\frac{1}{2}$ lignes ; en argent, le *douro*, 20 lignes, le *medio douro*, 15 lignes, la *peseta*, 12 lignes, la *media peseta*, 9 lignes, le *réal*, 8 lignes. [La ligne équivalait à 1^{mm},93]. — 8. Les monnaies de cuivre seront les suivantes : *medio de réal, décime de réal, double décime de réal* et *media decima de real*.

Ce nouveau système était décimal, car un *doublon d'Isabelle* valait 10 *escudos* ou 100 *réaux* ou 1000 *decimas*. Les types de l'or et de l'argent se distinguaient, au droit, par l'effigie de la reine, au revers, par les armes d'Espagne. Ces mêmes armes figuraient à l'avers des pièces de cuivre, et le revers portait dans une couronne l'indication de la valeur.

La loi du 19 juillet 1849 introduisit en Espagne le système métrique des poids et mesures. Un décret royal du 19 août 1853 arrêta la fabrication des pièces de cuivre d'un *double décime* et d'un *demi-décime de réal*, et y substitua celle des *cuartillos* ou pièces de 25 centièmes de réal ; il

1. L'unité de poids pour les matières d'or et d'argent était, en Espagne, le marc de Castille divisé en 8 onces de 8 ochavos ou 72 grains. Ce marc équivalait à 230 gr. 07114.

décida en outre que toutes les espèces de cuivre porteraient à l'avers le buste de la reine et au revers l'écusson du royaume.

Un nouveau décret, du 3 février 1854, apporta quelques modifications dans le poids des espèces, mais un changement plus considérable fut

Fig. 398

opéré par la loi du 26 juin 1864. L'unité monétaire de la monarchie espagnole fut désormais l'*escudo* d'argent pesant 12 gr. 980 au titre de 900 millièmes, et divisé en 10 *réaux*. Voici le tableau des pièces qui furent émises en vertu de cette loi :

		Poids.	
OR.	*Doblon d'Isabelle,* valant 10 *escudos* ou 100 réales.	8 gr. 3870	titre : 900 millièmes.
	Pièce de 4 *escudos*, valant 40 *réales*.	3 gr. 3548	
	Pièce de 2 *escudos*, valant 20 *réales*.	1 gr. 6774	
ARGENT.	*Douro* de 2 *escudos* ou 20 *réales*.	25 gr. 960	titre : 900 millièmes.
	Escudo de 10 *réales*.	12 gr. 980	
	Peseta de 4 *réales* ou 40 centièmes d'escudo. . .	5 gr. 193	titre : 810 millièmes.
	Media peseta de 2 *réales* ou 20 centièmes d'escudo.	2 gr. 596	
	Réal ou 10 centièmes d'escudo.	1 gr. 298	
CUIVRE.	Pièce de 5 *centimos de escudo* (fig. 398).		
	Pièce de 2 $\frac{1}{2}$ *centimos de escudo.*		
	Pièce d'un *centimo de escudo.*		
	Medio centimo de escudo.		

Les ateliers monétaires suivants travaillèrent en Espagne sous le règne d'Isabelle II : Madrid, Séville, Ségovie, Barcelone, Jubia (réouvert en 1849), et Pampelune (en 1837 pendant la guerre carliste).

En 1868, un soulèvement général éclata, et Isabelle II fut déclarée déchue de ses droits au trône. Un gouvernement provisoire s'organisa le 29 septembre au nom de la souveraineté nationale. Un de ses premiers soins fut la réorganisation du système monétaire; la loi du 19 octobre 1868 introduisit en Espagne un système analogue à celui de l'Union monétaire latine. L'unité monétaire est la *peseta* de 100 centimos, équivalant au *franc.*

La première pièce frappée par le gouvernement provisoire, antérieure à l'adoption de la loi du 19 octobre 1868, est une pièce de cuivre de 25 *millièmes d'escudo* portant à l'avers l'aqueduc de Ségovie entouré des mots : SOBERANIA NACIONAL, au revers, dans une couronne, la date : 29 DE SETIEMBRE 1878 et, autour de la couronne, la légende : ESPANA LIBRE avec l'indication de la valeur en toutes lettres (fig. 399).

Fig. 399

Conformément à la loi du 19 octobre 1868, le gouvernement provisoire frappa en 1869 et 1870 les pièces suivantes :

Pièce d'or de 100 *pesetas.* Type : ESPANA. L'Espagne debout. Revers : Écu ovale avec manteau, couronne et manteau.

Pièces d'argent de 5 *pesetas, 2 pesetas, una peseta,* 50 et 20 *centimos.* Type : L'Espagne, couchée, tenant un rameau d'olivier. Revers : Écu couronné entre les colonnes d'Hercule (fig. 400).

Pièces de bronze de 10, 5, 2 *centimos* et *un centimo.* Type : L'Espagne assise sur un rocher. Revers : Lion debout à droite, s'appuyant sur un écu ovale.

Le 16 novembre 1870, les chambres espagnoles élurent roi, sous le nom d'Amédée I, le second fils de Victor-Emmanuel, roi d'Italie. Il abdiqua le 11 février 1873.

Un décret du 21 mars 1871 créa une pièce d'or de 25 *pesetas,* du poids de 8 gr. 065, à 900 millièmes de fin. Il existe pour le règne d'Amédée I

Fig. 400

des pièces d'or de 100 et de 25 *pesetas* et des pièces d'argent de 5 *pesetas* frappées à Madrid au millésime de 1871.

1. Une pièce de 2 *pesetas* a été mise en circulation par un numismate faussaire auquel on doit d'autres fantaisies monétaires, telles que la pièce de 10 centimos du Val d'Andorre.

Après le départ d'Amédée I, la république fut proclamée, mais le pays fut en proie à la guerre civile. Il n'y eut pas d'émission de monnaies républicaines, mais en 1873 les fédéralistes, assiégés par les centralistes à Carthagène, y frappèrent des monnaies obsidionales d'argent de 5 *pesetas* et 10 *reales* (ou 2 $\frac{1}{2}$ pesetas). Le type de ces pièces est exclusivement formé d'inscriptions : CARTAGENA SITIADA POR LOS CENTRALISTAS. SETIEMBRE 1871. REVOLUCION CANTONAL, et l'indication de la valeur.

Un petit-fils du prétendant Charles V recommença dans le nord de l'Espagne l'insurrection carliste. Il existe à son effigie des pièces d'argent de 5 *pesetas* et des pièces de bronze de 10 et de 5 *centimos* sur lesquelles il s'intitule CAROLUS VII REY DE LAS ESPANAS. Elles portent les millésimes de 1874 et 1875 ; quelques-unes sont de fabrication étrangère, bien que le prétendant Charles VII eût ouvert un atelier à Ognate.

Les guerres civiles, à l'exception du soulèvement carliste, qui se prolongea jusqu'en février 1876, prirent fin, en Espagne, en décembre 1874, par la restauration d'Alphonse XII, fils d'Isabelle II. Il mourut en 1885. Sa série monétaire comprend en or, 25 et 10 *pesetas*, en argent, 5, 2 et 1 *pesetas* et 50 *centimos*, en bronze, 10 et 5 *centimos*. Le seul atelier monétaire du gouvernement est Madrid.

Alphonse XIII, fils posthume du précédent, qui règne actuellement sous la régence de sa mère, a frappé les mêmes monnaies d'argent que son père. L'effigie du roi, toujours tournée à gauche, a subi trois modifications successives : tête de bébé jusqu'en 1892, tête à cheveux bouclés de 1892 à 1899, enfin tête à cheveux ondulés, un peu relevés en avant, type adopté en 1899. Les coins sont dus au graveur Bartolomé Maura,

En or, la fabrication des pièces de 25 *pesetas* a été arrêtée en 1887, pour faire place l'année suivante à une émission de pièces de 20 *pesetas*, conformes à celles de l'Union latine. En 1897, on a frappé des pièces d'or de 100 *pesetas*. L'effigie du roi est tournée à droite sur les monnaies d'or.

§ II. — *La Navarre, la Catalogne et les Baléares.*

Les anciens états qui dans la monarchie espagnole avaient conservé leur monnaie de compte particulière, ont eu encore, dans la première moitié du XIXe siècle, certaines espèces, principalement de cuivre, dont les types et les légendes constituent le souvenir d'une autonomie passée.

Navarre. — Sous Ferdinand VII, qui en Navarre était le troisième roi de ce nom, il y eut de 1818 à 1833, dans l'atelier de Pampelune, des émissions de pièces de cuivre au buste ou à la tête du roi et aux armes navarraises. Ces pièces couraient pour 6, 3, 1 *maravedis* et un *demi-maravedis* ou *cornado.*

Catalogne. — Pendant la captivité de Ferdinand VII, on frappa, de 1810 à 1814, des pièces de cuivre de 6, 3, 2 $\frac{1}{2}$, 2 *quartos,* un *quarto* et un *ochavo,* aux armes de Catalogne entourées de la légende : PRINCIP. CATHAL. En 1823, Ferdinand VII, roi constitutionnel, fit une nouvelle émission de 6 et de 3 *quartos,* portant au revers, autour de l'écu de la députation, la légende : PROVINC. DE BARCELONA.

De 1836 à 1846, l'atelier de Barcelone frappa des *pesetas* d'argent, des pièces de 6 et 3 *quartos* de cuivre, portant à l'avers le nom de la reine Isabelle, au revers celui de la principauté de Catalogne. En 1840, le prétendant Charles V frappa à Berga des *demi-pesetas* d'argent, sur lesquelles il s'intitule CATHALAUNIÆ PRINCEPS.

Baléares. — En 1811 et 1812, sur des *sueldos* de cuivre frappés à Palma de Majorque, on attribue à Ferdinand VII le titre d'*Hispaniarum et Balearum rex.*

§ III. — *Le Portugal.*

Le prince Jean, qui exerçait depuis 1799 la souveraineté, sous le titre de régent, pendant la démence de sa mère, dut s'enfuir en 1807 au Brésil, devant l'invasion française de Napoléon I. Il y était demeuré après la restauration de 1815. Jean, devenu roi en 1816, sous le nom de Jean VI, fut rappelé en 1821 par une insurrection libérale qui avait éclaté en Portugal. Il mourut en 1826. Son successeur devait être son fils aîné Pierre, mais celui-ci préférait à la royauté portugaise la couronne impériale du Brésil, qu'il portait depuis 1822. Il abdiqua en faveur de sa fille Marie, alors âgée de sept ans. En 1828, don Miguel, frère de Pierre, usurpa la couronne de sa nièce et se rendit maître du gouvernement à Lisbonne.

Pierre, décidé à reconquérir à sa fille le trône de Portugal, abandonna en 1831 à son fils Pierre II l'empire du Brésil, et débarqua en 1832 à Porto. Les Açores étaient toujours restées fidèles à Marie II, qui en 1834 fut rétablie dans ses droits de souveraineté en Portugal.

Voici la chronologie des rois de Portugal pendant le XIXe siècle :

*Jean, régent, 1799-1816.
*Jean VI, roi, 1816-26.
*Pierre IV, 1826-27.
Marie II, 1826-27.
*Don Miguel, usurpateur, 1828-34.
*Marie II, rétablie, 1833-53.
*Pierre V, 1853-61.
*Louis I, 1861-89.
*Charles I, 1889-actuellement régnant.

Jusqu'en 1835, le système monétaire du Portugal fut tel qu'il avait été établi par la loi du 4 avril 1722.

Le 24 avril 1835 un édit de Marie II, renouvelant une mesure prise en 1822 par Jean VI, mais qui n'avait pas été appliqué, ordonna la refonte des anciennes monnaies et la fabrication des nouvelles pièces suivantes :

OR.	*Couronne*, valant 5000 reis ; poids 192 grains (9 grammes 56).
	Demi-couronne, valant 2500 reis.
ARGENT.	*Couronne*, valant 1000 reis ; poids 594,58 grains (29 gr. 613).
	Demi-couronne, valant 500 reis.
	Double teston, valant 200 reis.
	Teston, valant 100 reis.
CUIVRE.	Pièces de 20, 10 et 5 reis.

Les pièces d'or et d'argent étaient toutes à $\frac{11}{12}$ de fin, le rapport entre les deux métaux était comme 1 : 15 $\frac{15}{31}$, néanmoins l'étalon adopté était l'argent. L'application du décret de 1835 concorda avec de grandes améliorations techniques apportées dans la fabrication des espèces.

Fig. 401

Le système portugais actuel, établi par la loi du 29 juillet 1854, est fondé sur l'étalon d'or. Le *milreis* de 1,000 *reis* constitue l'unité de compte. Il existe des monnaies d'or, d'argent et de bronze ; les conditions de fabrication de ces dernières ont été réglées par la loi du 2 juin 1882. Le tableau ci-dessous résume le système d'échange du Portugal :

		Diamètre.	Poids.	
OR.	*Couronne* ou 10 milreis. . . .	30 millim.	17 gr. 735	titre : 916 $\frac{2}{3}$ millièmes.
	Demi-couronne ou 5 milreis. . .	23	8 868	
	Cinquième de couronne ou 2 milreis.	18.5	3 547	
	Dixième de couronne ou 1 milreis.	14	1 774	
ARGENT.	*Cinq testons* ou 500 reis. . . .	30	12 500	Même titre.
	Deux testons ou 200 reis. . . .	23	5	
	Teston ou 100 reis.	18.5	2 500	
	Demi-teston ou 50 reis.	14	1 250	
BRONZE.	20 *reis*.	30	12	
	10 *reis*.	25	6	
	5 *reis*.	20	3	

Les types monétaires du Portugal ne présentent aucune originalité ; ils comprennent l'effigie, buste ou tête, du roi ou de la reine, les armes couronnées du royaume, et une indication de la valeur ; avant la réforme de 1835, le revers était fréquemment occupé par une croix. Notre figure 401 reproduit, à titre d'échantillon, la pièce de cuivre de 5 *reis* de Louis I.

L'atelier monétaire du Portugal est à Lisbonne ; pendant la guerre pour la restauration de Marie II, une autre officine fut établie à Porto.

CHAPITRE NEUVIÈME

LES PAYS SCANDINAVES

SOURCES : *Neueste Münzkunde. Abbildung und Beschreibung der jetzt coursirende Gold-und Silbermünzen.* Leipzig, 1853, in-8. — Documents officiels divers.

§ I. — *Les pays scandinaves jusqu'à l'union monétaire de 1872.*

a). — *Le royaume de Danemark.*

En 1812, à la paix de Kiel, le roi de Danemark perdit la Norwège, qui fut donnée à la Suède. Voici la chronologie des rois de Danemark depuis le commencement du siècle :

* Christian VII, 1765-1808.
* Frédéric VI, 1808-39.
* Christian VIII, 1839-48.
* Frédéric VII, 1848-63.
* Christian IX, 1863-actuellement régnant.

En 1807, les Anglais, pour punir le Danemark de sa participation au blocus continental, parurent devant Copenhague, bombardèrent la ville sans déclaration de guerre et s'emparèrent de toute la flotte danoise. Les premières monnaies d'argent frappées sous Frédéric VI rappellent les sacrifices faits par les Danois pour réparer le désastre causé à leur patrie par cette injustifiable agression ; frappées en partie avec le métal provenant de contributions volontaires, elles portent à l'avers le monogramme FR couronné, au revers, au centre d'une couronne de chêne, l'inscription : FRIVILLIGT OFFER TIL FŒDRENELANDET 1808, c'est-à-dire : offrande volontaire à la Patrie.

Le 5 janvier 1813, une loi modifia le système monétaire du Danemark et décida qu'à partir du 1er janvier 1814, l'unité serait le *rigsbankdaler* d'argent taillé à raison de 18 $\frac{1}{2}$ pièces au marc fin de Cologne. Le *rigsbankdaler* se divisait en 6 *marks* à 16 *skillings*, soit en 96 *rigsbankskillings*. Il valait la moitié du *speciesdaler*. Le type des plus fortes espèces de Frédéric VI se compose à l'avers de la tête nue du roi, tournée à droite, entourée de son titre : FRIDERICUS VI. D. G. DAN. V. G. REX, et, au revers, d'un écusson couronné. Sur les monnaies divisionnaires nous trouvons d'un côté le chiffre du roi sous une couronne, et au revers une légende danoise, en plusieurs lignes, indiquant la valeur. Il y eut également, à partir de 1813, des pièces de cuivre de 2, 1 et un *demi-rigsbankskilling*.

Le 3 février 1827, Frédéric VI ordonna l'émission de doubles et quadruples pistoles dites *frédériks d'or* et *doubles frédériks d'or*, monnaies de commerce, sans valeur fixe, et dont le taux était soumis aux variations du cours.

Sous Christian VIII et Frédéric VII, le système monétaire ne subit aucune modification importante. Le type de l'or et de l'argent comprit l'effigie royale et les armes plus ou moins ornées ; au revers des pièces de 4 et de 3 *rigsbankskillings* figurent, sous une couronne, une épée et un sceptre en sautoir. A partir de 1842, la série des pièces de cuivre comprit des *cinquièmes de rigsbankskilling*.

b). — *Le royaume de Suède.*

En 1808, la Russie s'empara de la Finlande ; cette annexion fut confirmée par les traités de 1815. En 1809, le roi Gustave IV Adolphe fut contraint d'abdiquer en faveur de son oncle Charles XIII, auquel succéda, en 1818, le général français Bernadotte :

* Charles XIII, 1809-18.
* Charles XIV Jean (Bernadotte), fils adoptif du précédent, 1818-44.
* Oscar I, 1844-59.
* Charles XV, 1859-72.
* Oscar II, 1872-actuellement régnant.

L'unité monétaire de la Suède était, au commencement du siècle, le *rigsdalerspecies* d'argent, divisé en 48 *skillings* à 4 *öre*. En or, on frappait des *ducats*, des *doubles* et *quadruples ducats*. Les types des monnaies se composent de l'effigie du roi, de ses initiales enlacées, des armes du royaume, d'une inscription dans le champ.

Une loi du 25 juin 1830 affaiblit le titre des espèces, qui passa de 14 loths 1 gr. à 12 loths. Les pièces frappées en vertu de cette loi furent des *speciesdalers* à 48 skillings, des *demi-speciesdalers*, des *quarts de speciesdalers*, des *huitièmes* et *douzièmes de speciesdalers* d'argent. Il y eut également des pièces de 2, 1, $\frac{2}{3}$, $\frac{1}{3}$ et $\frac{1}{6}$ de *skillings* de cuivre.

La Suède se trouvait, en fait, sous le régime du papier-monnaie, et les espèces métalliques constituaient une rareté dans la circulation. Des émissions excessives de papier-monnaie, dont la valeur nominale était exprimée en *rigsdalers*, déprécièrent dans une proportion considérable la valeur réelle du *rigsdaler de banque* ou rigsdaler-papier, qui finit par ne plus valoir que le quart du *rigsdaler species,* monnaie métallique.

Une loi du 3 février 1855, sous le règne d'Oscar I, établit comme nouvelle unité monétaire ce *rigsdaler* de banque sous le nom de *rigsdaler-rigsmynt.* L'ancienne division en skillings fut remplacée par une division en 100 *öre.* Comme monnaies réelles on frappa en argent des pièces de 4 *rigsdalers* (de même valeur que les anciens *speciesrigsdaler*), de 2 *rigsdaler,* d'un *rigsdaler,* des $\frac{1}{2}$, $\frac{1}{4}$ et $\frac{1}{10}$ de *rigsdaler*; en cuivre, il y eut des pièces de 5, 2, 1 et $\frac{1}{2}$ *öre.* On ne frappa plus de monnaies d'or et les anciennes monnaies de ce métal furent considérées comme marchandises dont la valeur suivit le cours du change.

Fig. 402

Le 31 juillet 1868, une ordonnance du roi Charles XV prescrivit l'émission de *carolins* d'or frappés dans les conditions de poids, de titre et de module de la pièce de 10 francs des pays de l'Union monétaire latine (fig. 402). En Suède, la valeur de ces *carolins* était fixée à 7 rigsdaler 40 öre.

c). — *Le royaume de Norwège.*

Comme nous l'avons dit plus haut, le royaume de Norwège fut enlevé en 1812 au roi de Danemark par le roi de Suède, auquel les traités de 1815 confirmèrent cette possession.

L'unité de compte en Norwège était le *speciesthaler,* que l'on divisait en 5 *orts* ou *marks* à 24 *skillings,* soit en 120 skillings. On ne frappait pas de monnaies d'or en Norwège. Le *speciesthaler* se monnayait en argent au titre de 14 loths et à raison de 9 $\frac{1}{4}$ pièces au marc fin de Cologne. Les monnaies norwégiennes portaient, soit au droit, soit au revers, l'écusson national sous une couronne.

§ II. — *L'Union monétaire scandinave.*

Le 18 décembre 1872, les gouvernements des trois pays scandinaves conclurent une union monétaire qui fut successivement ratifiée par leurs parlements respectifs et entra en vigueur, en Danemark le 23 mai 1873, en Suède le 30 mai 1873, et en Norwège le 8 mars 1875. Le nouveau système est métrique et décimal; l'étalon est l'or. L'unité est la *couronne, krone* ou *krondaler*, monnaie de compte qui se divise en 100 *öre.* Comme monnaies effectives, il y a des pièces d'or de 10 et de 20 *couronnes*, auxquelles une convention additionnelle est venue ajouter, en 1881, des pièces de 5 couronnes. L'argent circule comme monnaie divisionnaire, et son pouvoir libératoire est limité à 20 *couronnes* pour les deux pièces les plus fortes. Voici le tableau complet du système :

		Diamètre.	Poids.	
OR.	20 *couronnes* ou *kronor*.	23 millim.	8 gr. 9606	titre : 900 millièmes.
	10 *couronnes*. . . .	18	4 4803	
	5 *couronnes*. . . .	16	2 24015	
ARGENT.	2 *couronnes*. . . .	31	15	titre : 800 millièmes.
	1 *couronne* ou *krona*. .	25	7 500	
	50 *öre*.	22	5	titre : 600 millièmes.
	25 *öre*.	17	2 420	
	10 *öre*.	15	1 450	titre : 400 millièmes.
BRONZE.	5 *öre*.	27	8	
	2 *öre*.	21	4	
	2 *öre*.	16	2	

Les ateliers monétaires de l'union scandinave sont Copenhague pour le Danemark, Stockholm pour la Suède et Kongsberg pour la Norwège.

CHAPITRE DIXIÈME

LA RUSSIE ET SES DÉPENDANCES

POLOGNE, GÉORGIE, FINLANDE

SOURCES : Baron de Chaudoir, *Aperçu sur les monnaies russes et sur les monnaies étrangères qui ont eu cours en Russie depuis les temps les plus reculés jusqu'à nos jours.* Saint-Pétersbourg, 1836, in-8, 2 vol. — V. Langlois, *Essai de classification des suites monétaires de la Géorgie, depuis l'antiquité jusqu'à nos jours.* Paris, 1860, in-4. — A. Bonneville, *Encyclopédie monétaire ou nouveau traité des monnaies d'or et d'argent en circulation chez les divers peuples du monde.* Paris, 1849, in-fol. — A. de Foville, *Administration des monnaies et médailles. Rapports au ministre des finances.* Paris, 1896 et 1897, in-8. — Documents officiels divers.

§ I. — *L'empire de Russie.*

Par des oukases des 31 août et 1er octobre 1801, l'empereur Alexandre I (1801-1825) confirma le poids et le titre des monnaies instituées par son prédécesseur Paul I. Le type seul fut changé. Les *impériales* d'or et les *roubles* d'argent portent, à l'avers, l'aigle russe à deux têtes, et au revers, une inscription dans une couronne. Sur les pièces de cuivre, 5, 2 et 1 *copeks, dengui* et *poloushki,* des dispositifs analogues sont entourés d'un cercle formé de plusieurs lignes, sur lequel sont placés des globules en nombre équivalent à la valeur de la pièce.

Le 10 juin 1810 parut un manifeste impérial introduisant dans le système, sinon dans les types, des modifications assez importantes. Le titre de l'argent fut maintenu à 83 $\frac{1}{3}$ zolotniks, mais le poids de 100 roubles fut fixé à 5 livres 6 zolotniks ou 19 roubles 75 $\frac{25}{81}$ copeks à la livre. La monnaie de cuivre fut taillée à raison de 24 roubles au poud au lieu de 16 roubles; on supprima quelques divisions, et les globules disparurent du type. Les monnaies métalliques russes d'argent et de cuivre furent divisées en trois classes : 1° monnaies de banque ou de commerce, *roubles* et *demi-roubles,* 2° monnaies d'échange en argent, 20, 10 et 5 *copeks,* 3° monnaies d'échange en cuivre[1]. Les monnaies de banque devaient être frappées au poids et au titre cités plus haut; les monnaies d'échange en argent devaient être proportionnellement plus pesantes que les monnaies de banque, et être par conséquent d'un moins bon titre tout en renfermant la même quantité de métal fin. Cette mesure fut abrogée en 1813, et depuis lors toutes les pièces d'argent furent au titre uniforme de 83 $\frac{1}{3}$ zolotniks. Un oukase du 14 février 1817 rétablit le titre de 88 zolotniks pour la monnaie d'or, mais on ne frappa plus que les *demi-impériales* à 5 roubles.

Nicolas I (1825-1855) confirma, par oukase du 11 juillet 1826, le titre et le poids des monnaies du précédent règne. Le type subit quelques modifications de détail. Par oukase du 15 décembre suivant, il fut ordonné de frapper aussi des *quarts de rouble* ou pièces de 25 copeks d'argent. Un oukase du 24 avril 1828 créa des monnaies en platine, métal dont des gisements avaient été découverts en 1822 sur le versant européen de l'Oural. Ces pièces devaient valoir 3 roubles d'argent et être du poids de 2 $\frac{41}{96}$ zolotniks de platine pur; en 1829 et en 1830 Nicolas I décida également la fabrication de pièces de 6 et de 12 roubles en platine. Le type de ces monnaies offre à l'avers l'aigle russe triplement couronnée tenant le sceptre et le globe impérial, ayant sur la poitrine l'écu au Saint Georges du grand-duché de Moscou, et les ailes chargées des six écussons de Kasan, Astrakhan, Sibérie, Pologne, Tauride et Finlande; le revers porte une inscription. L'oukase du 26 décembre 1831 prescrivit l'adoption d'un type analogue pour l'or et l'argent.

Le 1er juin 1832, un nouveau système fut adopté pour les monnaies de cuivre, qui furent frappées à raison de 36 roubles au poud; il y eut des pièces de 10, 5, 2 et 1 *copeks.* En 1840, on décida de leur substituer de nouvelles pièces de 3, 2, 1, $\frac{1}{2}$ et $\frac{1}{4}$ *copek,* taillées à raison de 16 roubles-argent au poud.

Il circulait en Russie une très grande quantité de papier-monnaie, dont la valeur reposait à l'origine sur la monnaie de cuivre. Un oukase du 1er juillet 1839 donna cours forcé au papier-monnaie, avec un rapport de 100 roubles-argent = 350 roubles-papier et 100 roubles-or = 360 $\frac{1}{2}$ roubles-papier. Le rouble-argent devint la monnaie de compte officielle de l'empire.

Le règne d'Alexandre II (1855-1881) marque l'apogée de cette cir-

1. Les monnaies de cuivre d'Alexandre I furent frappées à Ékaterinebourg, dans les mines de Kolivan-Voskresensk, de Souzoun et d'Ijorsk.

culation fiduciaire. « Depuis 1855, dit M. Ottomar Haupt, le papier-monnaie règne sans interruption, en maître suprême. C'est dans ces dernières années seulement que des mesures énergiques ont été prises pour modifier cette situation. »

Sous Alexandre III (1881-1891), la loi du 17 décembre 1885 établit, comme unité monétaire de l'empire russe, le *rouble* d'argent de 100 *copeks*. Le rapport entre l'or et l'argent est de 15 $\frac{1}{2}$. Voici la série des pièces frappées :

		Diamètre.	Titre.	Poids droit.
Or.	Impériale ou pièce de 10 roubles. .	24,4	900 millim.	12 gr. 903
	Demi-impériale ou pièce de 5 roubles	21,3	900	6 451
Argent.	Rouble.	33,5	900	20
	50 copeks..	26,7	900	10
	25 copeks..	22,6	900	5
	20 copeks..	21,8	500	3 59
	15 copeks..	19,5	500	2 69
	10 copeks..	17,3	500	1 79
	5 copeks..	15	500	0 89
Cuivre rouge.	5 copeks (frappe arrêtée en 1882). .	32		16 38
	3 copeks..	27,7		9 83
	2 copeks..	23,9		6 55
	1 copek.	21,3		3 28
	Demi-copek.	16		1 64
	Quart de copek.	13		0 82

La loi du 26 mai 1895, relative au changement de types des monnaies d'or et d'argent de haut aloi, ordonna qu'à l'avenir les espèces d'or porteraient, au-dessus de l'aigle russe, l'indication de leur valeur.

Le système monétaire de la Russie fut modifié par l'oukase de l'empereur Nicolas II du 3 janvier 1897. Le rouble de 100 copeks resta l'unité, mais le rapport de l'or à l'argent fut élevé à 23 $\frac{1}{4}$. Sans qu'aucune modification fût apportée ni au titre, ni au poids, ni au module des monnaies, les *impériales* d'or valurent dès lors 15 roubles et les *demi-impériales* valurent 7 roubles 50 copeks. Cette indication de valeur remplaça sur les pièces les indications antérieures de 10 et de 5 roubles.

Un oukase du 14 novembre 1897 est venu compléter le système monétaire, par la création de pièces d'or de 5 roubles, appelées *tiers d'impériale*. Leur diamètre est de 18 mill. 3, et leur poids droit de 4 gr. 301.

§ II. — *La Pologne.*

a). — *Grand-duché de Varsovie* (1807-15).

En 1807, à la paix de Tilsitt, Napoléon I constitua un état indépendant, formé d'une grande partie de la Pologne, sous le nom de grand-duché de Varsovie, en faveur de Frédéric-Auguste, roi de Saxe, petit-fils du roi de Pologne Auguste II.

De 1810 à 1813, Frédéric-Auguste frappa pour le grand-duché de Varsovie des monnaies à son effigie, sur lesquelles il s'intitule : FRID. AUG. REX. SAX. DUX VARSOV. Il existe ainsi des *ducats* d'or, des *thalers*, des *tiers de thaler* et des *sixièmes de thaler*. Le système se complétait par des pièces de billon de 10 et de 5 *groszy* et des pièces de cuivre de 3 et d'un *groszy*.

En 1813, la ville de Zamosc, l'une des villes principales du grand-duché de Varsovie, fut assiégée par les Russes ; elle ne se rendit qu'en 1814, après la première abdication de Napoléon I. Pendant le siège furent frappées des monnaies de nécessité de 2 *zlote* ou *florins* en argent et de 6 *groszy* de cuivre. L'avers porte, en trois lignes : MONETA W. OBLEZENIU ZAMOSCIA ; au revers se trouve l'indication de la valeur dans une couronne formée d'une palme et d'une branche de laurier.

b). — *République de Cracovie* (1815-46).

Le traité de Vienne, en 1815, partagea le grand-duché de Varsovie entre la Russie et la Prusse ; mais la ville de Cracovie et son territoire furent érigés en état indépendant et neutre sous la protection de la Russie, de l'Autriche et de la Prusse.

En 1835, la république de Cracovie fit frapper des monnaies divisionnaires, pièces d'un *zlote* en argent, de 10 et 5 *groszy* de cuivre. Le type se compose à l'avers des armes de la ville (porte de ville avec une aigle polonaise dans la porte) sous une couronne, entourées des mots : WOLNE MIASTO KRAKOW. Le revers porte l'indication de la valeur et du millésime entre deux branches de chêne.

En novembre 1846, Cracovie fut annexée à l'empire d'Autriche.

c). — *Royaume russe de Pologne* (1815-30).

L'empereur Alexandre I, ayant acquis, par les traités de 1815, la partie orientale du grand-duché de Varsovie, érigea ce territoire en royaume de Pologne avec des institutions nationales et une constitution. Il y conserva le système monétaire existant et ordonna par un oukase du 19 novembre 1815 de frapper à Varsovie une série complète de monnaies d'or, d'argent et de cuivre. Il y eut, en or, des *florins royaux* ou *zlote krolewskie*, taillés à 26 au marc fin de Cologne et au titre de 88 zolotniks ou 22 carats, et des *doubles florins* à l'avenant, valant respectivement 25 et 50 florins d'argent; en argent, des pièces de 5, 2 et 1 *zlote* ou *florins*; enfin, en cuivre, des pièces de 3 *groszy*. Toutes les monnaies d'or et d'argent offrent à l'avers la tête, tournée à droite, de l'empereur-roi, entourée de son nom et de ses titres en langue polonaise: ALEXANDER I CESARZ SA W. ROS KROL POLSKI. Le revers porte les armes du royaume, l'indication de la valeur et du titre. Ces armes se retrouvent à l'avers des pièces de cuivre.

En 1820 eut lieu la fabrication des pièces de 10 *zlotych* ou *florins*; elles sont au même type que les pièces d'argent précédentes, mais, au revers, les mots ZSREBRA KRAIOWEGO (*de l'argent du pays*) indiquent qu'elles ont été frappées avec le métal provenant des mines du royaume.

Après l'avènement de Nicolas I, des ordonnances du 21 avril et du 8 août 1826 confirmèrent pour le royaume de Pologne le système monétaire adopté par Alexandre I. Le type ne fut pas changé; il continua pour l'or et l'argent à consister dans l'effigie de l'empereur-roi défunt. Les légendes seules furent modifiées; l'avers porta: ALEXANDER I CES. ROS. WSKRZESICIEL KROLEWSTWA POLSKIEGO 1815 (*Alexandre I, empereur de Russie, restaurateur du royaume de Pologne en 1815*); on lit au revers: MIKOLAY I CES. WSZ. ROSSYI KROL POLSKI PANUIACY (*Nicolas I, empereur de toutes les Russies, roi de Pologne régnant*).

d). — *République polonaise* (1830-31).

En dépit des engagements contractés en 1815, le czar Alexandre I n'avait cessé, depuis 1819, d'amoindrir les libertés du royaume de Pologne. Sous Nicolas I le despotisme se montra plus dur encore, si bien qu'en novembre 1830, les Polonais, excités par le succès de la révolution qui avait éclaté en France, se soulevèrent et s'érigèrent en république indépendante.

En 1831, la république polonaise frappa des monnaies d'argent et de cuivre de 5 *zlote* et au-dessous, portant à l'avers un écu parti de Pologne-Lithuanie sous une couronne: KROLESTWO POLSKIE. Au revers se voit une couronne de chêne avec l'indication du poids et du titre. Le millésime, placé, sur les pièces d'argent, au revers, accoste l'écusson national sur les *groszy* de cuivre. L'atelier de Varsovie frappa également des *ducats* d'or qui reproduisent complètement le type et les inscriptions des ducats de Hollande et ne révèlent leur origine que par la présence d'une petite aigle polonaise placée devant la légende de l'avers.

Le 8 septembre 1831, une armée russe entrait à Varsovie et mettait fin à l'indépendance du pays.

e). — *Pologne russe depuis 1831.*

Nicolas I traita désormais la Pologne en pays conquis; il abolit la constitution et annexa le pays à son empire comme une simple province, lui conservant toutefois une administration et des douanes distinctes. Des mesures transitoires furent adoptées pour arriver à une assimilation complète.

Un oukase du 15 octobre 1832 ordonna de frapper à Saint-Pétersbourg des pièces de 15 *copeks* avec la dénomination de la valeur en russe et en polonais. Ces pièces offrent à l'avers l'aigle russe, au revers, dans le champ : 15 копѣекъ-1 злоты avec le millésime, et, comme légende circulaire, l'indication de la quantité d'argent fin contenue dans la pièce. Le 27 janvier 1833, un oukase ordonna de frapper, dans le même esprit et au même type, des pièces valant 1 $\frac{1}{2}$ *rouble* ou 10 *florins*, et des pièces valant $\frac{3}{4}$ de rouble ou 5 florins. Un nouvel oukase du 1er mai 1834 dit expressément que ces pièces ont cours dans les deux pays, qu'on doit les frapper également dans l'atelier de Varsovie, et qu'enfin on émettra encore des pièces d'argent de 30 *copeks* ou 2 *zlote*, et des pièces d'or de 3 *roubles* ou 20 *zlote*.

Un oukase du mois d'avril 1847 mit fin à ce monnayage mixte, assura un cours exclusif aux monnaies purement russes et supprima la ligne de douanes qui séparait encore la Pologne du reste de l'empire.

§ III. — *La Géorgie.*

La Géorgie ayant été annexée aux possessions de l'empire russe en 1801, Alexandre I ordonna, par oukase du 26 août 1802, d'organiser l'hôtel des monnaies de Tiflis. Un second oukase, du 21 octobre suivant, prescrivit l'émission de monnaies d'argent et de cuivre conformes à celles qui étaient en usage dans le pays. On frappa, en argent, des *doubles abazes* à 40 copeks, des *abazes* à 20 copeks et des *demi-abazes* à 10 copeks, en cuivre, des *grochéviki*, des *copeks* et des *déniejki*. Ces pièces portent à l'avers le nom de Tiflis en caractères géorgiens mkédrouli ou vulgaires entre une couronne murale et deux branches en sautoir; au revers, une inscription géorgienne indique la valeur de la monnaie et la date, puis

Fig. 403

les deux initiales, en caractères russes, du maître de la monnaie (fig. 403). Les monnaies de cuivre ne furent frappées que de 1804 à 1806, et de 1808 à 1810.

Les émissions de monnaies d'argent continuèrent à Tiflis, sous Nicolas I, jusqu'en 1833. Un oukase du 1er juin de l'année précédente décréta la suppression de l'atelier.

§ IV. — *Grand-duché de Finlande.*

Le grand-duché de Finlande (en langue finnoise *Suomi*) a des institutions spéciales et, depuis une vingtaine d'années, une monnaie propre. La diète a voté une loi, promulguée le 9 août 1877 par l'empereur-grand-duc, et entrée en vigueur le 1er juillet 1878, qui a créé un système monétaire se rapprochant de celui de l'Union latine. L'unité monétaire est le marc d'or, *markkaa*, monnaie de compte correspondant à 1 franc; le marc se divise en 100 *pennis*. Voici la liste des monnaies frappées sur cette base à Helsingfors, dans l'atelier monétaire du grand-duché :

		Poids.		Titre.
		—		—
Or.	Pièce de 20 markkaa.	6 gr.	452	900 millièmes.
	Pièce de 10 markkaa.	3	226	900
Argent.	Pièce de 2 markkaa..	10	365	868
	Pièce d'un markkaa..	5	182	868
	Pièce de 50 pennis. .	2	549	750
	Pièce de 25 pennis. .	1	274	750
Bronze.	Pièce de 10 pennis. .	12	796	
	Pièce de 5 pennis. .	6	398	
	Pièce d'un penni. .	1	279	

Dans le cours de l'année 1899, le gouvernement russe a pris des mesures destinées à mettre fin à l'autonomie de la Finlande. Ce monnayage ne sera donc probablement pas continué.

CHAPITRE ONZIÈME

LES DÉMEMBREMENTS DE L'EMPIRE OTTOMAN

SOURCES : A. Bonneville, *Encyclopédie monétaire ou nouveau traité des monnaies d'or et d'argent en circulation chez les divers peuples du monde.* Paris, 1849, in-fol. — *Neueste Münzkunde. Abbildung und Beschreibung der jetzt coursirenden Gold-und Silbermünzen.* Leipzig, 1853, in-8. — M. Mantero, *Istituzioni del commercio. Gli ordinamenti monetari.* Palerme, 1884, in-12.

La numismatique turque n'entre pas dans notre cadre. Nous devons cependant dire un mot du système monétaire actuel de l'empire ottoman, qui fut établi en 1844 par le sultan Abdul-Medjid.

L'unité monétaire est la *piastre turque* ou 40 *paras,* qui vaut, au pair, environ 23 centimes. Cent piastres font une *livre turque* ou *medjidié* d'or. La série des monnaies effectives comprend les pièces suivantes:

En or, pièces de 500, 250, 100, 50 et 25 piastres, au titre de 916,66 millièmes.
En argent, pièces de 20, 10, 5, 2, 1 et une demi-piastre, au titre de 830 millièmes.
En cuivre, pièces de 40, 20, 10, 5 paras et d'un para.

Le type des espèces, d'inspiration purement musulmane, se compose du *toughra* ou signe personnel du sultan régnant, entouré, sur l'or, de deux branches de laurier, et accompagné, sur l'argent, d'une branche de rosier fleurie. Au revers figurent une couronne de laurier et une inscription dont le sens est: *après la conquête, fait à Constantinople, l'an......* (de l'hégire). La fabrication monétaire de l'atelier de Constantinople se fait aujourd'hui avec l'outillage mécanique des pays occidentaux.

La tache sombre que l'empire ottoman forme sur la carte de l'Europe a été en se rétrécissant depuis le commencement de ce siècle, et cinq états de civilisation chrétienne se sont déjà élevés sur les ruines de la barbarie. L'un d'entre eux, le Monténégro, n'a pas encore de monnaies propres, mais nous avons à résumer l'histoire métallique de la Grèce, de la Roumanie, de la Serbie et de la Bulgarie.

§ I. — *République, puis royaume de Grèce.*

Après la bataille de Navarin, en 1827, et la délivrance de la Morée, le gouvernement provisoire de la Grèce fut donné au comte Capo d'Istria. Dès 1828, celui-ci fit frapper monnaie au nom de la république. La base du système adopté fut le *phénix* d'argent, qui se divisait en cent *lepta* et valait le sixième de la *piastre* espagnole, monnaie fort en usage à cette époque dans les pays du Levant. Le type des *phénix* d'argent et des *lepta* de cuivre se compose, à l'avers, d'un phénix issant d'un bûcher et surmonté d'une croix, au revers, du nom de la monnaie dans une couronne de palmes et de laurier. Les légendes circulaires sont: ΕΛΛΗΝΙΚΗ ΠΟΛΙΤΕΙΑ et ΚΥΒΕΡΝΗΤΗ Ι. Α. ΚΑΠΟΔΙΣΤΡΙΑΣ.

En mai 1831, une convention internationale constitua la Grèce en royaume et lui donna comme roi le prince Othon, second fils du roi de Bavière. Une loi du 8 février 1833 vint fixer le système monétaire. Ce système, inspiré par le système français, a pour base la *drachme* divisée en 100 *lepta*. La *drachme* a conservé la valeur du *phénix*, c'est-à-dire le sixième de la piastre espagnole. Le système est bimétallique avec un rapport de 1 à 15 $\frac{1}{2}$. Voici les diverses pièces composant l'échelle des valeurs:

		Titre.	Poids.	
En or.	Pièce de 40 drachmes.	900 millièmes.	11 gr.	553.
	Pièce de 20 drachmes.	900	5	776
En argent.	Pièce de 5 drachmes. .	900	22	385
	Pièce d'une drachme..	900	4	477
	Demi-drachme. . .	900	2	238
	Quart de drachme. .	900	1	119
En cuivre pur.	Pièce de 10 lepta. . .		12	990
	Pièce de 5 lepta. . .		6	495
	Pièce de 2 lepta. . .		2	598
	Lepton.		1	299

Le type des monnaies du roi Othon de Bavière se compose, à l'avers de sa tête nue, tournée à gauche sur l'or, à droite sur l'argent, au revers, de l'écu couronné du royaume[1] entre deux branches de laurier. Les coins sont dus au graveur bavarois K. Voigt. Le titre pris par le roi à l'avers de ses pièces est ΟΘΩΝ ΒΑΣΙΛΕΥΣ ΤΗΣ ΕΛΛΑΔΟΣ.

En 1862, une révolution chassa Othon du trône de Grèce. L'année

1. *D'azur à la croix d'argent.* Sous Othon, le centre de la croix est fuselé de Bavière.

suivante, Georges de Danemark lui succéda. Une loi promulguée à Athènes le 22 avril 1867 adopta comme système monétaire celui de l'Union monétaire latine et, l'année suivante, la Grèce demanda son accession à cette convention monétaire. Elle y fut admise sous certaines conditions, par exemple que toutes ses monnaies devraient être frappées dans un hôtel monétaire français.

Fig. 404

On a frappé, à la Monnaie de Paris, aux coins du roi Georges gravés par Barre (fig. 404), les monnaies suivantes : en or, pièces de 100, 50, 20, 10 et 5 *drachmes* (ou francs); en argent, pièces de 5, 2 et 1 drachme, pièces de 50 et 20 *lepta* (ou centimes); en bronze, pièces de 10, 5, 2 *lepta* et d'un *lepton*. Une émission de bronze a eu lieu également en 1861, dans l'atelier de Strasbourg.

Fig. 405

Une loi du 8 février 1893, complétée par une ordonnance royale du 19 juin suivant, a prescrit la frappe de monnaies de nickel de 20, 10 et 5 *lepta*, pesant respectivement 4, 3 et 2 grammes. Les coins de ces pièces ont été gravés par Borrel (fig. 405).

§ II. — *Principauté, puis royaume de Roumanie.*

En avril 1866, Charles I de Hohenzollern fut élu prince de Roumanie. En mars 1881, il fut proclamé roi par les votes du parlement roumain.

Fig. 406

En vertu de la loi du 14 avril 1867, entrée en vigueur le 1er janvier 1868, la Roumanie adopta un système monétaire identique à celui de l'Union latine. L'unité monétaire est le *leŭ* (au pluriel *lei*), équivalent au franc, et divisé en 100 *bani* (ou centimes). Il a été frappé à l'effigie du prince, puis roi Charles, des pièces d'or de 20 *lei*, des pièces d'argent de 5 *lei*, 2 *lei*, 1 *leŭ* et 50 *bani*, des pièces de cuivre de 10, 5, 2 et 1 *bani*. Celles-ci portent à l'avers les armes du royaume (fig. 406). En mars 1889, la Roumanie, tout en conservant son système monétaire, a adopté l'étalon d'or.

§ III. — *Principauté, puis royaume de Serbie.*

Les Serbes se révoltèrent en 1804 contre le joug ottoman et, en 1817, leur pays devint une principauté sous l'hégémonie turque. Sous le règne de Michel Obrénovitch III, des pièces de bronze de 10 *paras* furent émises en vertu du firman du 10 juin 1868; la fabrication fut faite à la Monnaie de Vienne et les coins furent gravés par le médailleur autrichien A. Scharff. Ces pièces portent, à l'avers, l'effigie du prince à gauche, entourée de son nom et de son titre en langue serbe, et, au revers, la valeur et le millésime dans une couronne de chêne et de laurier.

Milan Obrénovitch IV succéda à Michel en cette même année 1868. A l'exemple de la Roumanie, la Serbie adopta le système monétaire de l'Union latine par la loi du 8 novembre 1873. L'unité monétaire équivalente au franc s'appelle *dinar* et se divise en 100 *paras*. La paix de San Stefano, en 1878, et le traité de Berlin reconnurent l'indépendance de la Serbie; une loi du 10 décembre 1878 a consacré la législation monétaire et limité le pouvoir libératoire de l'argent. L'année suivante une émission de monnaies d'argent de 5 *dinars*, 2 *dinars* et un *dinar* et de pièces de cuivre de 10 et de 5 *paras*, au buste de Milan Obrénovitch IV, a eu lieu dans l'atelier de Vienne; les coins ont été gravés par le médailleur français Tasset.

La Serbie fut érigée en royaume le 6 mars 1882, et le souverain prit le nom de Milan I. On a frappé à son effigie des pièces d'or de 20 et de 10 *dinars*, des pièces d'argent de 5 *dinars*, 2 *dinars*, 1 *dinar* et 50 *paras*. Une loi du 1er janvier 1883 a prescrit la frappe de monnaies divisionnaires en nickel de 20, 10 et 5 *paras*. Ces pièces portent à l'avers l'aigle serbe, et au revers l'indication de la valeur nominale; elles ont été fabriquées dans les ateliers Heaton à Birmingham.

En 1889, Milan I abdiqua en faveur de son fils Alexandre, actuellement régnant. L'arrêté ministériel du 15 octobre 1897 a ordonné une fabrication de monnaies d'argent à l'effigie du nouveau roi.

§ IV. — *Principauté de Bulgarie.*

La Bulgarie fut érigée en principauté sous la suzeraineté de la Turquie, par la paix de San Stefano (1878) et le traité de Berlin. Le premier prince de Bulgarie, Alexandre de Battenberg, abdiqua en 1887 et fut remplacé par Ferdinand de Saxe-Cobourg.

Le système monétaire de l'Union latine a été adopté en Bulgarie par la loi du 27 mai 1880. L'équivalent du franc s'appelle *lew* (au pluriel : *leva*), et est divisé en 100 *stotinkis*. Une loi du 16 novembre 1887 a ordonné la frappe de monnaies de nickel.

La Bulgarie, ne possédant pas d'atelier monétaire, s'est adressée à l'étranger pour la fabrication de ses espèces. Le bronze a été frappé chez Heaton à Birmingham, l'argent, de 1883 à 1885 à Saint-Pétersbourg, et en 1894 à Kremnitz, l'or en 1894 à Kremnitz, enfin le nickel en 1888 et 1889 à Bruxelles. Le type des monnaies bulgares se compose des armes de la principauté : *de gueules au lion d'or,* avec couronne et manteau.

CHAPITRE DOUZIÈME

LES ÉTATS-UNIS D'AMÉRIQUE

DEPUIS LA PROCLAMATION DE LEUR INDÉPENDANCE

SOURCES : A. Vattemare, *Collection de monnaies et médailles de l'Amérique du Nord offerte à la Bibliothèque impériale*. Paris, 1861, in-8. — *Annual Reports of the Director of the Mint,* publiés depuis 1872. Washington, volumes in-8. — G.-G. Evans. *Illustrated history of the United States mint,* Philadelphie, 1893, in-8. — *American journal of Numismatics,* publié depuis 1865. — W.-A. Shaw, *Histoire de la Monnaie*. Paris, 1896, in-8.

§ I. — *Le monnayage américain antérieur à la loi de 1792.*

Une révolte provoquée en 1773 à Boston, à l'occasion des nouveaux impôts dont l'Angleterre voulait frapper ses colonies américaines, fut le commencement de l'insurrection d'où devait sortir l'indépendance des États-Unis. Le 4 juillet 1776, treize colonies représentées au Congrès de Philadelphie se constituèrent en république fédérative. La guerre de l'indépendance, dans laquelle les Américains furent soutenus par la France, fut terminée en 1783 par la paix de Versailles qui proclama la liberté américaine.

« Quand les Américains eurent secoué le joug de la mère-patrie, ils durent, dit Vattemare, auquel nous empruntons une partie de ce chapitre, songer aux moyens de se créer des ressources financières. Ils eurent tout d'abord recours au système des *bills of credit.* De mars 1775 à septembre 1779, le Congrès émit du papier-monnaie pour 242,062,758 *dollars,* somme énorme pour un pays qui ne comptait alors qu'environ 3,000,000 d'habitants. Les États, de leur côté, se fondant uniquement sur leur foi dans l'avenir, en émirent également pour une forte somme et en édictèrent par des lois sévères le cours forcé. Mais une rapide dépréciation ne tarda pas à affecter cette masse de numéraire fictif jeté ainsi dans la circulation, et un *dollar-papier* qui, en 1776, était l'équivalent d'un *dollar-argent,* n'était plus accepté, en 1780, que pour la millième partie de cette valeur. C'est alors que le Connecticut, le Vermont, le

Massachusetts, le New-Jersey et le New-York, usant de leur privilège d'états indépendants, commencèrent à battre monnaie. »

Les monnaies frappées par les états consistent en *cents* de cuivre portant des types et des inscriptions souvent inspirés par les circonstances politiques. Sur des *cents* de New-York figure parfois le buste de Washington, entouré des mots : NON VI VIRTUTE VICI. Sur les *cents* du New-Jersey l'avers représente l'écusson de l'Union : E PLURIBUS UNUM, et le revers, une tête de cheval et une charrue, emblèmes de cet état. Dans le Massachusetts, c'est un Indien debout, son arc et ses flèches à la main, qui partage avec l'aigle américaine les coins des espèces. Le *cent* du Kentucky porte d'un côté un dextrochère tenant un rouleau de papier sur lequel sont écrits les mots : OUR CAUSE IS JUST. Nous ne pouvons décrire en détail tous les produits de ce monnayage provisoire. A côté des états, certains particuliers s'arrogèrent le droit de frapper des espèces. Un certain Chalmers, orfèvre à Annapolis (Maryland), frappa en 1783 trois pièces d'argent de la valeur d'un *shilling*, de *six pence* et de *three pence*.

« Dans le premier congrès (1776-78), il avait déjà été question de la création d'une monnaie fédérale, et, en prévision d'une solution prochaine à cette question brûlante, plusieurs pièces d'essai avaient été frappées. » Ce furent principalement des cents de cuivre. Quelques-uns sont au buste de Washington.

§ II. — *Le monnayage américain depuis 1792.*

« En vertu d'un ordre de la Chambre des Représentants en date du 28 janvier 1791, Alexandre Hamilton, ministre des finances, rédigea, avec l'aide de Jefferson et du célèbre financier Robert Morris, un rapport qui fut présenté à la chambre le 15 avril suivant, et qui, après avoir proposé les types d'or, d'argent et de cuivre et la création d'un hôtel des monnaies, concluait à l'adoption du système décimal français, dont il faisait ressortir tous les avantages. Le 31 octobre, le Sénat chargea une commission d'élaborer le projet de loi. Ce projet, lu au Sénat le 12 janvier 1792, comprenait dix-neuf articles qui furent adoptés à l'unanimité. » Voici les points essentiels de cette loi :

Art. 9. — *Il sera frappé dans l'hôtel des Monnaies des pièces d'or, d'argent et de cuivre conformément aux dénominations et valeurs suivantes :*

OR. *Aigle* de 10 dollars, contenant 247 grains $\frac{4}{8}$ d'or pur, ou 270 grains d'or au titre.

Demi-aigle de 5 dollars, contenant 123 grains $\frac{6}{8}$ d'or pur, ou 135 grains d'or au titre.

Quart d'aigle de 2 dollars et demi, contenant 61 grains $\frac{7}{8}$ d'or pur, ou 67 grains $\frac{4}{8}$ d'or au titre.

ARGENT. *Dollar*, unité du système monétaire, ayant la valeur d'une piastre espagnole, contenant 371 grains $\frac{4}{16}$ d'argent pur, ou 416 grains d'argent au titre.

Demi-dollar
Quart de dollar
Dime ou dixième de dollar
Half dime ou vingtième de dollar
} valeur dans les mêmes proportions.

CUIVRE. *Cent* ou centième de dollar, contenant 264 grains de cuivre.
Half cent ou deux-centième de dollar, contenant 132 grains de cuivre.

Art. 10. — *Chacune des pièces ci-dessus portera, sur une des faces, le buste du président en fonctions à l'époque de la frappe, avec l'initiale de son prénom, son nom en toutes lettres, sa succession présidentielle en chiffres et le millésime; au revers des pièces d'or et d'argent, un aigle avec l'inscription :* UNITED STATES OF AMERICA ; *au revers des pièces de cuivre, la dénomination de la pièce :* CENT *ou* HALF CENT.

Art. 11. — *Le rapport de l'or à l'argent, dans les pièces de monnaie ayant cours, sera comme 15 est à 1.*

Art. 12. — *Le type des pièces d'or sera de 11 parties de métal pur contre 1 partie d'alliage, ce dernier composé par parties égales d'argent et de cuivre.*

Art. 13. — *Le titre des pièces d'argent sera de 1485 parties de métal pur contre 179 parties d'alliage; ce dernier exclusivement composé de cuivre.*

« Cette loi, revêtue ainsi de l'approbation du Sénat, fut transmise à la Chambre des Représentants (12 mars 1792). Tous les articles furent successivement votés à l'exception de l'article 10, qui souleva une véritable tempête. Les ultra-démocrates demandèrent et obtinrent qu'au buste du président fût substituée une tête idéale de la Liberté (fig. 407). L'article 10, ainsi amendé, fut adopté par le Sénat. Le 2 avril 1792, la loi reçut la consécration du président et devint ainsi loi de l'État. »

« La loi du 2 avril 1792 subit diverses atteintes relativement au poids et au titre des pièces. L'acte du 14 janvier 1793 réduisit le poids du *cent* et du *half cent*, et un autre acte de 1795 l'abaissa encore. Quant aux pièces d'or, leur titre était si élevé qu'aussitôt leur frappage elles étaient enlevées à la circulation et envoyées en Europe pour être converties en lingots. Cet état de choses devait attirer la sollicitude des législateurs. » La loi du 28 juin 1834 réduisit le titre de l'or à 232 grains, de sorte que le rapport entre l'or et l'argent fut fixé comme 1 est à 16. La loi du 18 janvier 1837 adopta, pour les monnaies d'or et d'argent, le titre français de 900 millièmes.

Fig. 407

En 1849, on créa la pièce d'or d'*un dollar*, en 1850 celle de 20 *dollars* ou double aigle, en 1853 celle de 3 *cents* en argent, en 1854 celle de

3 *dollars* en or. En 1873, les États-Unis adoptèrent l'étalon d'or, la fabrication du *dollar* d'argent fut arrêtée et remplacée par celle d'un *trade dollar* du même métal, sans valeur libératoire, destiné au commerce avec l'Extrême Orient. En 1875 on créa la pièce d'argent de 20 *cents*. En 1857 le *cent* de cuivre avait été remplacé par une pièce de nickel, mais en 1864 on en revint au bronze; en même temps, on créa une pièce de bronze de *deux cents*. Des monnaies de nickel de *trois* et de *cinq cents* furent successivement ordonnées en 1865 et 1866.

Nous reproduisons ci-dessous, d'après les rapports de la Monnaie et le livre de G.-G. Evans, le tableau complet des différentes espèces frappées aux États-Unis depuis 1792:

Monnaies d'or.

Double aigle, créé par acte du 3 mars 1849. Poids : 516 grains. Titre : 900 millièmes. Diam. : 34 millim.

Aigle, ou 10 dollars, créé par la loi du 2 avril 1892. Poids : 270 grains. Titre : 916 $\frac{2}{3}$. — Poids réduit à 258 grains par la loi du 28 juin 1834. — Titre réduit à 899,225 par la même loi. — Titre porté à 900 millièmes par la loi du 18 janvier 1837. Diam. : 27 millim.

Demi-aigle, créé par la loi du 2 avril 1892. Poids : 135 grains. Titre comme l'*aigle*. — Poids réduit à 129 grains par la loi du 28 juin 1834. Titre réduit comme l'*aigle*. — Titre porté à 900 millièmes par la loi du 8 janvier 1837. Diam. : 22 millim.

Quart d'aigle, créé en même temps que l'*aigle* et le *demi-aigle,* et soumis aux mêmes modifications de poids et de titre. Diam. : 18 millim.

Pièce de trois dollars, créée par la loi du 21 février 1853. Poids : 77,4 grains, titre : 900 millièmes. Cessation du monnayage en vertu de la loi du 26 septembre 1890.

Dollar, créé par la loi du 3 mars 1849 et supprimé par celle du 26 septembre 1890. Poids : 25,8 grains, titre : 900 millièmes. Diam. : 13 millim.

Monnaies d'argent.

Dollar, créé le 2 avril 1792. Poids : 416 grains, titre : 892,4 millièmes. — Poids réduit à 412 $\frac{1}{2}$ grains et titre porté à 900 millièmes par la loi du 18 janvier 1837. — Cessation du monnayage en vertu de la loi du 12 février 1873. — Reprise du monnayage en vertu de la loi du 28 février 1878. Diam. : 38 millim.

Trade dollar ou *dollar de commerce,* créé par la loi du 12 février 1873. Poids : 420 grains, titre : 900 millièmes. Retiré par la loi du 3 mars 1887.

Demi-dollar, créé le 2 avril 1792. Poids : 208 grains, titre : 892,4 millièmes. — Poids et titre modifiés comme le *dollar,* le 18 janvier 1837. — Poids réduit à 192 grains par la loi du 21 février 1853. — Poids porté à 12 $\frac{1}{2}$ grammes ou 192,9 grains par la loi du 12 février 1873. Diam. : 30 millim.

Quart de dollar, créé le 2 avril 1792. Mêmes modifications proportionnelles quant au poids et au titre que le *demi-dollar*. Diam. 24 millim.

Pièce de 20 cents, créée par la loi du 3 mars 1775. Poids : 5 grammes ou 77.16 grains ; titre : 900 millièmes. — Monnayage interdit par la loi du 2 mai 1878.

Dime, créé le 2 avril 1792. Poids : 42,6 grains : titre : 892,4. — Poids réduit à

41 $\frac{1}{4}$ grains par la loi du 18 janvier 1837. — Poids réduit à 38,4 grains par la loi du 21 février 1853. — Poids porté à 2 $\frac{1}{2}$ grammes ou 38,58 grains par la loi du 12 février 1873. Diam. : 18 millim.

Half-dime, créé le 2 avril 1792. Mêmes modifications proportionnelles quant au poids et au titre que pour le *dime*. Cette monnaie fut supprimée par la loi du 12 février 1873.

Pièce de trois cents, créée par la loi du 3 mars 1851. Poids: 12 $\frac{3}{8}$ grains, titre : 750 millièmes. — Poids réduit à 11,52 grains et titre porté à 900 millièmes par la loi du 3 mars 1853. — Cette monnaie fut supprimée par la loi du 12 février 1873.

Monnaies de cuivre, bronze et nickel.

Pièce de cinq cents (nickel), créée par la loi du 16 mai 1866 (fig. 408).

Fig. 408

Pièce de trois cents (nickel), créée par la loi du 3 mars 1865. Supprimée par la loi du 26 septembre 1890.

Pièce de deux cents (bronze), créée par la loi du 2 avril 1864. Supprimée par la loi du 12 février 1873.

Cent (cuivre), créé par la loi du 2 avril 1792, poids réduit en 1793 et 1795 ; remplacé par des pièces de nickel (loi du 21 février 1857), puis par des pièces de bronze (loi du 22 avril 1864). Le diamètre des cents actuels est de 19 millim.

Half-cent (cuivre), créé le 2 avril 1792, poids : 132 grains réduit à 104, puis à 84 grains en 1793 et 1795. Suppression par la loi du 21 février 1857.

Le type des monnaies américaines est resté, dans sa conception générale, tel qu'il fut établi par la loi fondamentale de 1792. L'avers est réservé à la symbolisation de la Liberté, le revers, qui porte l'aigle tenant ou non l'écusson des États-Unis, témoigne de leur puissance. L'aigle n'existe toutefois ni sur les pièces d'or d'*un dollar*, ni sur les *dimes* et *half-dimes* d'argent, ni sur les pièces de cuivre, de bronze et de nickel. La Liberté a été diversement interpretée ; d'abord c'est sa tête qui paraît sur les espèces, les cheveux flottants, et accompagnée parfois d'une pique avec le bonnet phrygien ; puis les cheveux sont retenus par un bandeau, ou la tête est coiffée du bonnet ; aujourd'hui elle porte un diadème chargé de l'inscription : LIBERTY. De 1838 à 1840, la tête disparut successivement de toutes les monnaies d'argent, pour faire place à une Liberté assise sur un rocher, tenant un écu et une haste surmontée du bonnet phrygien. Depuis 1878, on en est revenu pour l'argent à la représentation de la tête de la Liberté. Les légendes des monnaies américaines comprennent, outre le nom de la confédération, le nom ou la valeur de la pièce et le millésime, les devises : E PLURIBUS UNUM, ou : IN GOD WE TRUST. En 1892 et 1893, à l'occasion de l'exposition internationale de Chicago, on frappa des monnaies d'argent commémoratives d'un *demi-dollar* et d'un *quart de dollar*, représentant à l'avers la tête de Christophe Colomb.

Jusqu'en 1838, l'atelier ouvert en 1793 à Philadelphie fournit seul tout le numéraire des États-Unis. En 1838, on lui adjoignit trois succursales, celles de Charlotte (Caroline du Nord), de Dahlonega (Géorgie) et de la Nouvelle-Orléans. Les deux premières, situées dans des régions aurifères, ne frappèrent que de l'or. Ces trois succursales furent fermées en 1861. En 1854, un atelier a été créé à San-Francisco, en 1870 un autre a été ouvert à Carson City (Nevada), enfin en 1879 la Monnaie de la Nouvelle-Orléans a été rétablie.

§ III. — *La monnaie privée.*

Nous avons écarté systématiquement de notre cadre les *tokens* et autres espèces émises par des particuliers, principalement en Angleterre et dans les colonies britanniques. Aux États-Unis la monnaie privée a eu dans le second tiers de ce siècle une telle importance pour la circulation, que nous ne pouvons nous empêcher de nous y arrêter un instant.

« Malgré la prescription de l'article 10 de la Constitution, qui interdit d'une manière absolue le monnayage en dehors de l'action du gouvernement fédéral, des particuliers ont, à diverses reprises, frappé monnaie, principalement à l'époque de la crise financière résultant de la suppression, par le président Jackson, de la banque des États-Unis, en 1834. Pendant cette crise, qui dura de 1834 à 1841, la pénurie monétaire était telle, que les transactions commerciales s'opéraient par voie d'échange des produits industriels. Des particuliers émirent un papier-monnaie qui reçut plus tard le nom méprisant de *shin plaster* (emplâtre pour les jambes), et il fut frappé et lancé dans la circulation un certain nombre de pièces « taractiques », dont les figures, légendes et devises, d'une sanglante ironie, exprimaient les sentiments qu'avait suscités la grave mesure prise par Jackson. Fabriquées un peu partout, surtout dans la manufacture de boutons de Waterburg (Connecticut) elles équivalaient nominalement à un *cent*. »[1]

« A peine les mines de la Californie commencèrent-elles à être exploitées, qu'on frappa dans le pays des pièces d'or portant gravé le chiffre représentatif de leur valeur, circulant librement et acceptées sans objec-

1. Voyez sur ces tokens : Lymann H. Low, *Hard times tokens*, dans l'*American journal of numismatics*, t. XXXIII, 1898-99.

tion. Ces pièces, véritable monnaie, puisqu'elles servaient aux transactions commerciales, n'affectaient pas toujours la forme sous laquelle nous sommes habitués à voir frapper les monnaies. » C'étaient souvent de petits cylindres poinçonnés au nom de celui qui les mettait en circulation et portant une estampille en indiquant le titre et le poids. Parmi nos monnaies, nous rappellerons les pièces d'or de Betchler dont la fabrique, située à Rutherfordton (Caroline du Nord), frappait encore en 1851. Il y eut aussi des monnaies de la compagnie des changeurs de l'Oregon au type du castor et à la légende : NATIVE GOLD ; celles de Moffat et Cie de San-Francisco, en or de Californie : CALIFORNIA GOLD; celles de la banque des mineurs de San-Francisco; celles des Mormons de *Great Salt Lake City* ; celles de la compagnie des mines de Cincinnati (Ohio), en 1849; celles de la compagnie du Pacifique; celles de la compagnie du Massachusetts et de la Californie, de Baldrois et Co, de Dubosq et Co, de Schultz et Co, de Dunbar, etc.

CHAPITRE TREIZIEME

LES POSSESSIONS EUROPÉENNES DE L'AMÉRIQUE

SOURCES : A. Weyl, *Die Jules Fonrobert'sche Sammlung überseeischer Münzen und Medaillen*. Berlin, 1877, in-8, tome II. — J. Atkins, *The coins and tokens of the possessions and colonies of the british empire*. Londres, 1889, in-8. — E. Zay, *Histoire monétaire des colonies françaises, d'après les documents officiels*. Paris, 1892, in-8. — A. Campaner y Fuertes, *Indicador manual de la numismatica española*. Palma, 1891, petit in-8. — *Catálogo de la colección de monedas y medallas de M. V. Quadras y Ramon de Barcelona*. Barcelone, 1892, t. III, in-4. — J. Meili, *Das Brasilianische Geldwesen*. I. *Die Münzen der Colonie Brasilien*. Zurich, 1897, in-8. — R. Chalmers, *A history of currency in the british colonies*. Londres, 1893, in-8. — J. Leroux, *Le médaillier du Canada*. Montréal, 1888, in-8.

§ I. — *Possessions espagnoles.*

Au début du XIXe siècle, l'Espagne possédait en Amérique d'immenses territoires divisés en quatre grandes vice-royautés : Mexique, Nouvelle-Grenade, Buenos-Aires et Pérou, et cinq capitaineries générales : Chili, Venezuela, Guatemala, Cuba et Porto-Rico.

Le système monétaire comprenait sous Charles IV (1788-1808), comme sous ses prédécesseurs, quatre pièces d'or : *doblon de á ocho* ou *once*, *doblon de á quatro*, *doblon de á dos* et *escudo*, et six pièces d'argent, *peso* ou pièce de huit *réaux*, pièces de quatre et de deux *réaux*, *réal*, *demi-réal* et *cuarto* ou *quart de réal*. Les types restèrent tels que nous les avons vus sous Charles III ; le plus caractéristique, celui du *peso*, se compose, à l'avers, du buste royal cuirassé et lauré, tourné à droite, au revers, de l'écu couronné entre deux colonnes autour desquelles s'enroule une banderole chargée des mots : PLVS VLTRA. Les ateliers en activité furent Mexico, Guadalajara, Nueva Guatemala, Santa Fé de Bogota, Potosi, Lima et Santiago de Chile. Il faut y joindre Caracas, où furent frappés en 1805 des *ochavos* de nécessité, en cuivre, portant au revers les *matres litterae* du mot *Venezuela* (fig. 409). C'est à Caracas qu'éclata le mouvement insurrectionnel de Miranda, précurseur du soulèvement général des colonies américaines contre la domination espagnole. Le monnayage continua sous Ferdinand VII (1808-1825); l'or comprit une division de plus, le *demi-escudo* ou *durillo*. Cinq ateliers nouveaux vinrent se joindre aux officines régulières du règne de Charles IV, au Mexique, Chihuchua, Durango, Guanajuato et Zacatecas, puis, au Pérou, Cuzco.

Fig. 409

De nombreuses monnaies obsidionales ou de nécessité, *moneda provisional*, se rattachent à la lutte soutenue, avec des alternatives de succès et de revers, contre les héroïques soldats de la liberté américaine. Le manuel de M. Campaner et le catalogue de la collection Quadras indiquent plusieurs de ces émissions anormales pour les villes et provinces suivantes :

Mexique et Guatemala.

Province de Nueva Vizcaya (1811), *peso* d'argent frappé à Durango : MON. PROV. DE NUEV. VISCAYA.

Mexico (1811-16), *peso* d'argent et divisions, *duos cuartillos, cuartillo* et *ochavo* de cuivre, frappés par la *Suprema Junta*, restée fidèle au roi.

Oaxaca (1812), *peso* d'argent avec la légende : 8 Rs PROV. D. OAXACA.

Fig. 410

Real del Catorce (1811), *pesos* d'argent de plusieurs types : EL. R. D. CATORC.

Sombrerete (1810-12), *peso* d'argent et divisions, frappés au nom du général Vargas : CAXA DE SOMBRETE ou SOMBRERETE.

Tegucigalpa (1823), *double réal* d'argent : TEGUSIGALPA (fig. 410).

Tlalpujahua ? *peso, double réal, réal* et *demi-réal* d'argent, cités par M. Campaner. Marque : T.

Valladolid de Michoacan (1813), *peso*, cité par le même auteur.

Zacatecas (1811-12), *pesos* de divers coins, *double réal, réal* et *demi-réal* d'argent : MONEDA PROVISIONAL DE ZACATECAS.

Amérique du Sud.

Caracas (1812-21), monnaies d'argent et de cuivre : CARACAS.

Province de Guayana (1813-17), monnaies de cuivre : PROVINCIA DE GUAIANA.

Popayan (1823), monnaies de cuivre : P.

Rioxa (1822), pièces d'argent de *deux réaux* : RIOXA.

Santa Marta (1818-20), *double réal* d'argent et *cuarto* de cuivre : SM. Monnaies avec la contremarque SM.

L'étude sérieuse de l'histoire monétaire de l'Amérique espagnole est encore à faire. Nous devons nous borner à en donner un aperçu probablement très incomplet.

Tandis que l'Espagne luttait pour se maintenir dans ses possessions continentales, le traité de Paris en 1814 lui accorda Saint-Domingue avec la partie orientale de l'île d'Haïti. L'occupation de Ferdinand VII dura jusqu'en 1822, époque où les habitants conquirent à leur tour leur indépendance. On a frappé à Saint-Domingue des *cuartillos* de cuivre portant, d'un côté, F7, sous une couronne, de l'autre, SD et $\frac{1}{4}$ entre deux branches de laurier.

En 1824, il ne restait plus du domaine colonial espagnol en Amérique que les îles de Cuba et de Porto-Rico. Pour cette dernière colonie, on a frappé en 1895 des pièces d'un *peso* ou de 5 *pesetas*, et des pièces de 40, 20, 10 et 5 *centavos*, en argent. Elles ont la tête nue d'Alphonse XIII, tournée à gauche, à l'exception de celle de 5 *centavos* qui porte à l'avers un écusson. La légende du revers est ISLA DE PUERTO RICO. La guerre hispano-américaine de 1898 a amené l'annexion de Cuba et de Porto-Rico aux États-Unis.

§ II. — *Possessions portugaises.*

En 1799, le prince Jean de Portugal avait dû prendre la régence pendant la démence de sa mère, la reine Marie. Au Brésil, dans les ateliers de Rio de Janeiro et de Bahia, le nom de celle-ci : MARIA I D. G. PORT. REGINA ET BRAS*iliae* DO*mina*, continua jusqu'en 1805 à figurer sur les espèces; par contre, sur les pièces de cuivre frappées pour le Brésil dans l'atelier de Lisbonne, nous trouvons dès 1802 le nom de Jean : *Joannes d. g. Port. regens et Bras. d.* Le type de la monnaie brésilienne d'argent et de cuivre comporte uniformément au revers le globe terrestre posé sur une croix (fig. 411).

Fig. 411

En 1807, l'invasion française en Portugal obligea la famille royale à chercher un refuge au Brésil. Les ateliers de Rio de Janeiro et de Bahia continuèrent à émettre la monnaie d'or [1]. Les espèces d'argent faisant défaut dans la colonie devenue le siège du gouvernement métropolitain, celui-ci acquit une grande quantité de *pesos* espagnols qui, en vertu

1. Indépendamment des monnaies d'or régulières, il circula au Brésil des lingots ou barres d'or portant certaines contremarques officielles certifiant le poids et le titre. — Cf. J. Meili, *loco cit.*, p. 258 et suiv.

d'une ordonnance du 1 septembre 1808, furent mis en circulation pour 960 *reis* après avoir reçu une double contremarque formée d'un côté des armes du Portugal sur un écu ovale, de l'autre, du globe brésilien (fig. 412). Le cours des anciennes monnaies de Joseph I fut surélevé par l'apposition d'une autre contremarque consistant en un écu portugais sans couronne, et ce qui avait été émis pour 600, 300, 150 et 75 *reis* valut dorénavant 640, 320, 160 et 80 reis. Indépendamment des ateliers réguliers de Rio et de Bahia, les officines de fonte et d'affinage de Pernambuco, Saô Paolo, Villa Rica de Minas Geraes et Mato Grosso furent chargées de cette opération de surfrappe.

Fig. 412

Le 16 décembre 1815, le prince régent érigea le Brésil en royaume, comme partie intégrante des royaumes de Portugal, du Brésil et des Algarves. L'année suivante la reine Marie mourut, et Jean monta sur le trône sous le nom de Jean VI. Ce n'est toutefois qu'à partir de 1818 que les monnaies brésiliennes lui donnent le titre de roi et portent le nouvel écusson des royaumes-unis, c'est-à-dire l'ancien écu portugais brochant sur le globe brésilien.

§ III. — *Possessions anglaises.*

Les colonies anglaises dont nous avons à parler ici comprennent: 1° dans l'Amérique du Nord, l'île de Terre-Neuve et le Canada auquel ont été successivement réunis la Nouvelle-Écosse, le Nouveau Brunswick et la Colombie britannique; 2° dans l'Amérique centrale, le Honduras britannique et un grand nombre d'îles désignées sous le nom d'Indes occidentales; 3° dans l'Amérique du Sud, une partie de la Guyane.

Terre-Neuve. — Le système monétaire de Terre-Neuve, en anglais *New Foundland,* est identique à celui des États-Unis. On a frappé, depuis 1865, des monnaies spéciales pour cette colonie: pièces de 2 *dollars* en or, pièces de 50, 20, 10 et 5 *cents* en argent, *cents* en bronze. Le type se compose, à l'avers, de la tête laurée de la reine Victoria et, au revers, de l'indication de la valeur.

Nouvelle-Écosse. — Antérieurement à 1861, la menue monnaie spéciale à la Nouvelle-Écosse, *Nova Scotia,* ne consistait qu'en tokens émis par des particuliers. En cette année eut lieu en Angleterre une première émission de *cents* et *demi-cents* de bronze à l'effigie de la reine Victoria, destinés à cette colonie. Le revers de ces pièces, dont il a été fait d'autres fabrications jusqu'en 1864, porte une couronne. En 1867 la Nouvelle-Écosse fut incorporée au Dominion du Canada.

Nouveau-Brunswick. — De 1861 à 1864, cette colonie reçut de la métropole des monnaies divisionnaires conformes au système des États-Unis : 20, 10 et 5 *cents* d'argent, *cents* et *half-cents* de cuivre à l'effigie de la reine Victoria. Le revers porte l'indication de la valeur. En 1867 le Nouveau-Brunswick, *New-Brunswick*, entra dans le Dominion du Canada.

Colombie britannique. — En 1862, le gouvernement britannique fit frapper à titre d'essai des pièces d'or de 20 et 10 dollars, mais il n'y eut pas d'émission effective. Le type de l'avers se compose d'une couronne. En 1871, cette colonie fut annexée au Dominion du Canada.

Canada. — La petite circulation du Canada se composait principalement de tokens frappés en quantité considérable par des particuliers et des banques, lorsqu'en 1858 le gouvernement de la reine Victoria se décida à envoyer dans cette colonie des monnaies conformes au système des États-Unis. Des émissions fréquentes ont eu lieu depuis cette époque, soit que la fabrication ait été faite dans l'atelier de Londres, soit qu'on ait eu recours à l'usine Heaton de Birmingham. Les produits de cette usine se reconnaissent au différent H, placé au revers. Les pièces frappées pour le Canada consistent en monnaie d'argent de 50, 25, 20, 10 et 5 *cents*, et en *cents* de bronze. L'avers a l'effigie de la reine : VICTORIA DEI GRATIA REGINA. CANADA ; le revers porte l'indication de la valeur.

Ile de la Jamaïque. — On a fait pour la Jamaïque d'importantes

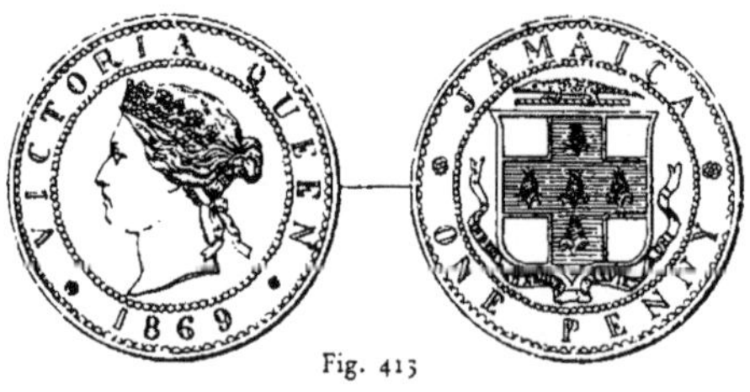

Fig. 413

émissions de monnaies en nickel de la valeur nominale d'un *penny* (fig. 413), d'un *half-penny* et d'un *farthing*. La frappe des deux premières pièces fut ordonnée par une proclamation royale du 11 novembre 1869 ; le *farthing* fut émis pour la première fois en 1880.

Honduras britannique. — En 1885, le gouvernement de la reine Victoria a fait frapper des *cents* de bronze pour cette colonie.

Petites Antilles anglaises. — L'Angleterre possède un grand nombre des îles qui forment le groupe des petites Antilles notamment Trinidad, Tabago, la Grenade, les Grenadines, Saint-Vincent, la Barbade, Sainte-Lucie, la Dominique, Nevis, Antigoa, Tortola, etc. Dans la première partie de ce siècle, le numéraire en circulation dans ces îles se composait principalement de monnaies étrangères ou de fragments de *pesos* espagnols, contremarqués par les autorités locales. Nous avons indiqué (p. 582) la plupart de ces contremarques. Nous nous bornerons à reproduire ici (fig. 414) à titre de spécimen une partie découpée de *peso,* avec la contremarque de Sainte Lucie.

Fig. 414

Le 29 avril 1822, le roi Georges IV ordonna de frapper pour les îles des Indes occidentales des pièces d'argent, identiques à celles qu'on frappait pour l'île Maurice. Cette émission consiste en *demi-dollars, quarts, huitièmes* et *seizièmes de dollars* d'argent, portant à l'avers les armes du royaume, au revers une ancre couronnée. Le 12 septembre 1834, Guillaume IV décida qu'on frapperait à l'avenir pour les Indes occidentales des pièces de cuivre de *3 pennys* et de *3 half pennys.* Ces monnaies portent le buste du roi. De nouvelles émissions de ces pièces de cuivre ont eu lieu sous Victoria, avec le buste de la reine.

Iles Bahama. — Il existe des pièces de cuivre de 1806 et 1807, sans indication de valeur, mais du module du *cent,* frappées pour ces îles. Nous ignorons si elles ont une origine officielle. Leur type se compose, à l'avers, du buste lauré de Georges III, au revers, d'un trois-mâts surmonté du mot BAHAMA, et accompagné à l'exergue de l'inscription EXPULSIS PIRATIS RESTITUTA COMMERCIO.

Guyane anglaise. — Conquise sur les Hollandais en 1796, mais restituée, en 1802, à la paix d'Amiens, la Guyane septentrionale fut prise de nouveau, en 1803, par l'Angleterre, à laquelle l'assurèrent les traités de 1814. Elle portait à cette époque le titre de *Colonie de Demerary et Essequibo;* son système monétaire était celui des Pays-Bas, et l'on comptait en florins ou *guilder,* en sous ou *stivers* et en *duits.* Comme les petites Antilles, la colonie de Demerary et Essequibo découpait, pour les besoins de sa circulation, des monnaies étrangères, principalement des *pesos* espagnols qu'elle revêtait d'une contremarque (fig. 415).

En 1809, le comité du *Privy Council for Trade* de la colonie fit frapper des *tokens* d'argent de 3 *guilders*, 2 *guilders*, 1 *guilder*, *half-guilder* et *quarter-guilder*, au buste de Georges III; le revers porte un chiffre arabe couronné, indiquant la valeur. Ce monnayage fut complété en 1813 par des *tokens* de cuivre d'un *stiver* et d'un *demi-stiver*. Nous citons ces deux émissions de tokens parce que leur origine est pour ainsi dire officielle.

Fig. 415

En 1816, le gouvernement de Georges III fit frapper des monnaies d'argent de même type et de même valeur que les pièces de 1809. De nouvelles émissions eurent lieu de 1832 à 1836; elles ne diffèrent des précédentes que par l'effigie du roi Guillaume IV.

§ IV. — *Possessions françaises.*

Saint-Domingue. — Le 15 nivôse an X (5 janvier 1802), le général Toussaint Louverture, gouverneur de Saint-Domingue, signa une ordonnance dans laquelle il déclare avoir fait frapper à Saint-Domingue des *doubles escalins*, des *escalins* et des *demi-escalins* d'argent, portant d'un côté la République debout, tenant le faisceau consulaire et une haste surmontée du bonnet phrygien, entourée des mots : RÉPUBLIQUE FRANÇAISE, de l'autre, l'indication de la valeur, entourée des mots: COLONIE DE SAINT DOMINGUE. L'escalin valait 10 sous à Saint-Domingue et onze escalins correspondaient à une piastre espagnole, monnaie à laquelle on donnait, dans l'île, le nom de *gourde*. Indépendamment des monnaies d'argent, furent fabriquées à Saint-Domingue des pièces de cuivre, imitations grossières des sous dits aux balances et des décimes de la République.

Guadeloupe et Martinique. — Au commencement du siècle, la circulation monétaire de la Guadeloupe et de la Martinique était alimentée, comme celle des autres Antilles, par des *piastres* espagnoles ou *gourdes*, que les autorités faisaient découper en *mocos* (morceaux) et contremarquer. Un arrêté du contre-amiral Lacrosse et du préfet de la Guadeloupe, en date du 10 frimaire an XI (1 décembre 1802), fournit sur le cours de ces *mocos* des renseignements très intéressants et très précis :

« Considérant l'inconvénient qui se fait sentir dans la Colonie, dans les marchés, pour les besoins journaliers de la vie, et les échanges et payement des menus salaires, faute de petite monnoie, et voulant y remédier autant qu'il est possible dans la circonstance », ces fonctionnaires arrêtent qu'il sera coupé des *gourdes* en neuf parties ; celle du milieu, octogone, sera de la valeur du tiers de la *gourde* ou de quatre *escalins*, et les huit segmens du cercle autour de l'octogone vaudront un *escalin* chacun. La pièce octogone sera étampée des lettres 4 E.-R. F. et les pièces d'un *escalin* seront marquées des lettres R. F. seulement... Les *piastres* seront coupées et étampées au Trésor par les soins du citoyen Monsigny, en présence du contrôleur et des particuliers qui voudront se procurer de la monnaie, et apporteront leurs *gourdes* à cet effet ».

D'autres monnaies coupées, mais qui paraissent se rattacher à l'occupation anglaise de la Guadeloupe (1810-14), ont comme contremarques un G couronné. Une ordonnance du 23 mars 1817 démonétisa les *mocos*. En 1825 une fabrication de pièces de bronze de 10 et de 5 *centimes* à l'effigie du roi Charles X avait été faite à l'atelier de Paris, pour la circulation générale des colonies françaises. Une ordonnance royale du 30 août 1826 leur donna cours à la Martinique et à la Guadeloupe. L'émission continua jusqu'à la fin du règne. Sous Louis-Philippe, une décision du ministre de la marine et des colonies, en date du 6 novembre 1838, fit procéder à une fabrication analogue, qui fut poursuivie jusqu'en 1844. En 1897, la Monnaie de Paris a frappé, pour la colonie de la Martinique, des bons de caisse de 1 franc et de 50 centimes en nickel. Ces pièces portent à l'avers un délicieux buste de créole, gravé par Borrel, entouré de la double légende circulaire : RÉPUBLIQUE FRANÇAISE COLONIE DE LA MARTINIQUE.

Guyane. — En 1816, Louis XVIII fit frapper à Paris, pour la COLONIE DE CAYENNE, une pièce de 2 *sous* de billon qui ne fut pas mise en circulation. En 1818, une pièce de 10 *centimes* de billon fut frappée à Paris pour la GUYANNE (*sic*) FRANÇAISE ; elle porte à l'avers le chiffre couronné du roi et une fleur de lis, et reçut le nom de *marqué blanc*. De 1825 à 1830, sous Charles X, on expédia à Cayenne les pièces de bronze de 10 et de 5 *centimes* dont nous avons parlé plus haut, mais le public refusa de s'habituer à ces lourdes pièces, et en 1834 on les retira de la circulation. Les pièces du même genre frappées par Louis-Philippe n'eurent pas plus de succès. En 1846 eut lieu à Paris une nouvelle fabrication de pièces de billon de 10 *centimes*, dites *marqués blancs* ; elles portent comme les précédentes le chiffre couronné du roi. Ces pièces circulent encore.

§ V. — *Possessions hollandaises.*

Antilles hollandaises. — Dans les Antilles hollandaises, au commencement de ce siècle, on procédait, comme dans les îles voisines, au découpage des *piastres* espagnoles, quand le besoin d'espèces divisionnaires se faisait sentir. Notre figure 416 représente un fragment de *piastre* qui a été contremarqué, dans la partie hollandaise de l'île Saint-Martin, de deux poinçons, l'un au nom de l'île, l'autre au faisceau de flèches, emblème des anciennes Provinces Unies. En 1821 et 1822, il y eut une fabrication pour l'île de Curaçao; elle consiste eu *réaux* ou pièces de 6 stuivers, et *stuivers* d'argent. Les réaux portent à l'avers une tige de maïs et un caducée en sautoir.

Fig 416

§ VI. — *Possessions danoises.*

Le gouvernement danois a fait frapper un assez grand nombre de monnaies divisionnaires pour ses possessions des Antilles, les îles Sainte-Croix, Saint-Jean et Saint-Thomas. Frédéric VI (1808-39) et Chistian VIII (1839-48) émirent à diverses reprises des *doubles réaux* de 20 *skilling*, des *réaux* de 10 *skilling*, et des pièces de 2 *skilling*, dont le type se compose à l'avers de l'écu couronné du Danemark, au revers de l'indication de la valeur XX (ou X, ou II) SKILLING DANSK AMERIKANSK MYNT, suivie du millésime, disposés en six lignes dans le champ. Sous le règne de Frédéric VII (1848-63) eut lieu en 1848 une dernière émission des pièces que nous venons de décrire.

En 1859 apparaissent de nouvelles espèces, conformes au système monétaire des États-Unis, 20, 10, 5, 3 *cents* et *cents* de bronze, frappées à Copenhague et à Altona. L'avers porte la tête du roi ou l'écu de Danemark, le revers, un trois-mats, trois plants de canne à sucre ou l'indication de la valeur; les légendes sont, d'un côté, le nom du roi FREDERIC VII KONGE AF DANMARK, de l'autre, DANSK VESTINDISK MYNT. Ces émissions furent poursuivies sous Christian IX.

§ VII. — *Possessions suédoises.*

Dans les premières années du XIXe siècle, les autorités de l'île Saint-Barthélemy, l'une des Antilles, qui appartenait depuis 1784 à la Suède, continuèrent à contremarquer d'une couronne (fig. 417) les espèces étrangères qui y circulaient.

Fig. 417

CHAPITRE QUATORZIÈME

LES ÉTATS INDÉPENDANTS DE L'AMÉRIQUE LATINE

SOURCES : A. Weyl, *Die Jules Fonrobert'sche Sammlung überseeischer Münzen und Medaillen*. Berlin, 1878, in-8, tome II. — A. Rosa, *Coleccion de leyes, decretos y otros documentos sobre condecoraciones militares, medallas conmemorativas, moneda metalica, etc., de algunos países de America del Sud*. Buenos-Aires, 1891, in-8. — *Noticias de acuñacion e introduccion de metales... formadas por la seccion setima de la secretaria de hacienda*. Rapports annuels. Mexico, imp. du gouvernement, in-fol. — *Codigo fiscal de la Republica de Costa Rica emitido el 31 de octubre de 1885*. San José, imp. nationale, in-8. — *Annual reports of the director of the mint*, publiés depuis 1873. Washington, imp. du gouvernement, in-8. — J. Meili, *Die Münzen des Kaiserreichs Brasilien*. Zurich, 1890, in-8.

Les états indépendants de l'Amérique latine se formèrent, au commencement du XIXe siècle, sur les ruines de la puissance coloniale de l'Espagne, du Portugal et de la France. Ils sont actuellement au nombre de dix-huit, qui tous ont adopté la forme républicaine de gouvernement : le Mexique, les cinq petites républiques de l'Amérique centrale, les deux républiques de l'île d'Haïti, le Venezuela, les États-Unis de Colombie, l'Équateur, le Pérou, la Bolivie, le Chili, la République Argentine, l'Uruguay, le Paraguay et le Brésil. Leurs systèmes monétaires se rattachent, naturellement, à l'origine, à ceux des états européens auxquels leurs territoires appartenaient; aujourd'hui la plupart des républiques américaines ont adopté un système monétaire décimal.

§ I. — *Mexique.*

Le mouvement insurrectionnel éclata au Mexique en 1808. La lutte pour l'affranchissement, d'abord dirigée par le curé Hidalgo, fut poursuivie par Morelos. Un premier congrès proclama l'indépendance en 1813, mais Morelos fut pris par les troupes espagnoles et fusillé en 1815. D'autres chefs furent plus heureux. En 1821, l'Espagnol Augustin Iturbide se convertit à la cause de la liberté et expulsa les troupes métropolitaines de la capitale, mais en 1822 il se fit proclamer empereur sous le nom d'Augustin I. Chassé en 1823 pour sa cruauté et son avarice, il fut fusillé l'année suivante. Le Mexique se constitua en république fédérative. L'anarchie dans laquelle se débattait le pays amena en 1861 une intervention européenne et, en 1864, Napoléon III plaça sur le trône du Mexique, érigé en empire, l'archiduc Maximilien, frère de l'empereur d'Autriche. Maximilien ne put se maintenir. Fait prisonnier par les républicains, il fut fusillé en 1867. Le Mexique a conservé depuis cette époque un gouvernement républicain fédéral.

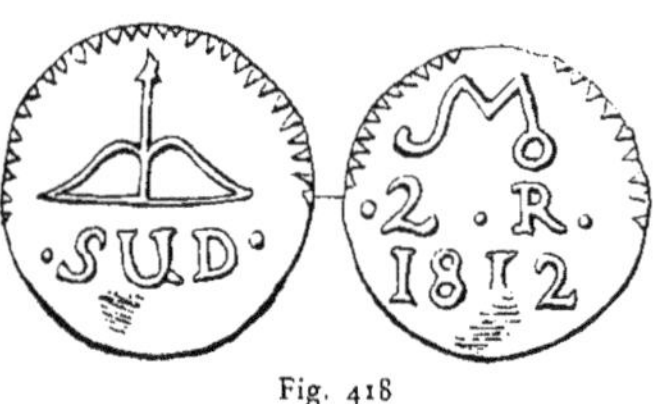

Fig. 418

La guerre de l'indépendance a laissé de nombreux souvenirs monétaires. Nous avons mentionné dans le précédent chapitre les pièces de nécessité frappées à cette époque dans les villes occupées par les partisans de l'Espagne. Les insurgés eurent également leur monnayage. Les pièces d'argent et de cuivre, 3 *réaux* et divisions, émises par Morelos,

Fig. 419

de 1811 à 1813, sont particulièrement intéressantes[1]; tantôt frappées, tantôt coulées, elles sont d'une facture très grossière. Leur type principal se compose uniformément d'un arc surmontant le mot SUD (fig. 418).

L'empereur Augustin I, qui s'intitule *empereur constitutionnel par la providence de Dieu,* mit son effigie à l'avers de ses monnaies (fig. 419), comme le fit quarante ans plus tard son successeur Maximilien d'Autriche (fig. 420). Le type le plus caractéristique des monnaies républicaines fut, depuis l'origine, l'aigle assis sur un cactus et dévorant un serpent, qui forme d'ailleurs l'emblème national (fig. 421).

1. Lyman H. Low, *A sketch of the coinage of the mexican revolutionary general Morelos,* dans l'*American journal of numismatics* de 1886.

Le système monétaire du Mexique a pour base la piastre ou *peso* d'argent pesant 27 grammes. Jusqu'en 1861, cette piastre se divisait en 8 *réaux*, divisés à leur tour en 4 *cuartillas* de 20 *granos*. En or, on fabriquait l'*once* de 16 piastres, appelée aussi *doublon* ou *quadruple*, et ses divisions de 8 piastres, de 4 piastres ou *pistole*, de 2 piastres ou *escudo de oro* et d'une piastre ou *escudillo*.

Fig. 420

La loi du 15 mars 1861, légèrement modifiée par celle du 27 novembre 1867, aujourd'hui en vigueur, a introduit au Mexique le système décimal, mais non métrique. L'unité monétaire reste la piastre ou *peso* d'argent (poids droit : 27 gr. 073 ; titre 902,777 millièmes), mais elle est divisée en 10 *decimos* ou 100 *centavos*. Voici la valeur des espèces émises selon ce nouveau système : en or, 20, 10, 5, 2 $\frac{1}{2}$ *pesos* et 1 *peso* (poids 1 gr. 692 ;

Fig. 421

titre 875 millièmes) ; en argent, *peso*, 50 *centavos*, 25 *centavos*, 10 *centavos* ou *decimo*, 5 *centavos* ; en cuivre, 1 *centavo*. Un décret du 16 décembre 1881 avait créé des monnaies de nickel de 5, 2 centavos et 1 centavo, mais ces pièces reçurent un si mauvais accueil, qu'en 1886 le gouvernement fédéral se décida à les retirer.

Les ateliers monétaires qui émettent actuellement les espèces du Mexique sont au nombre de onze ; en voici l'énumération avec l'indication de leurs différents :

Mexico M^{o}
Chihuahua C^{A}
Durango D^{o}
Guanajuato G^{o}
Guadalajara G^{A}
Oaxaca O ou O^{A}
San Luis Potosi P ou P^{I}
Culiacan C ou C^{N}
Real de los Alamos A ou A^{S}
Hermosillo $\overset{o}{H}$
Zacatecas Z^{S}

Pendant le règne de Maximilien, les ateliers de Mexico, Guanajuato, San Luis Potosi et Zacatecas monnayèrent au nom de l'empereur, tandis que ceux de Chihuahua, Durango, Culiacan, Real de los Alamos et Hermosillo, au pouvoir de Juarez, frappaient des pièces de type républicain. Le catalogue Fonrobert signale de 1843 à 1851 un atelier à Guadalupe y Calvo dans l'état de Chihuahua, dont le différent est GC.

Le monnayage d'argent, alimenté par les mines, qui placent le Mexique au premier rang pour la production de ce métal, a une importance internationale considérable. Les *piastres mexicaines,* qui étaient devenues la monnaie courante de beaucoup de peuples, jouent encore à l'heure actuelle un rôle prédominant dans les échanges de bon nombre d'états d'Amérique, d'Asie et même d'Afrique.

La forme du gouvernement du Mexique est celle d'une confédération comprenant: 1° le district fédéral de Mexico; 2° les 27 états d'Aguascalientes, Campèche, las Chiapas, Chihuahua, Coahuila, Colima, Durango, Guanajuato, Guerrero, Hidalgo, Jalisco, Mexico, Michoagan, Morelos, Nuevo-Léon, Oaxaca, Puebla, Queretaro, San Luis Potosi,

Fig. 422

Sinaloa, la Sonora, Tabasco, Tamaulipas, Tlaxcala, Vera Cruz, Yucatan, Zacatecas; 3° les territoires de Basse-Californie et de Tépic. En 1845 et en 1848, le Mexique a perdu successivement le Texas, le Nouveau Mexique et la Californie, annexés aux États-Unis.

Fig. 423

Plusieurs états mexicains ont émis, soit pour affirmer leur autonomie, soit pour faire face à des nécessités économiques, des monnaies particulières, dont l'examen détaillé nous entraînerait beaucoup trop loin. Ces émissions, qui s'arrêtent avec le règne de Maximilien, se bornèrent d'ailleurs à de menues espèces de cuivre, *cuartillas, octavos* et *medio-octavos*. Nos figures 422 et 423 reproduisent, à titre de spécimens de ces monnayages autonomes, deux *cuartillas* frappées par les états de Chihuahua et de San Luis de Potosi. La constitution fédérale proclamée le 5 février 1857 enleva formellement aux états le droit de frapper monnaie et d'émettre du papier monnaie.

§ II. — *Amérique centrale.*

La capitainerie générale de Guatemala s'émancipa en 1821 et, trois ans plus tard, se constitua en une *confédération de l'Amérique centrale*, comprenant les républiques de Guatemala, Costa Rica, Nicaragua, San Salvador, Honduras. De fâcheuses rivalités rompirent, dès 1832, cette union que depuis lors on a vainement tenté de reconstituer d'une manière durable.

Les monnaies qui furent frappées jusqu'en 1832 au nom de la Confédération : REPUBLICA DEL CENTRO DE AMERICA, portent à l'avers le soleil se levant derrière trois ou cinq montagnes. Le type du revers est un arbre de belle venue, entouré de la devise *libre cresca fecundo*. L'origine particulière de ces pièces se distingue par les différents suivants : NG pour Nueva Guatemala, dans l'état de Guatemala, T pour Tegucigalpa, dans l'Honduras, CR pour l'atelier de San José, dans l'état de Costa Rica, et NR pour l'atelier de Léon de Nicaragua (fig. 424).

Fig. 424

Après la dissolution de l'Union, le monnayage devint autonome. Dans la république de Guatemala, à partir de 1859, le président Rafael

Fig. 425

Carrera (1851-65) mit son effigie sur les espèces; après sa mort, elle fut conservée et l'on donna au président défunt le titre de *fundador de la republica de Guatemala* (fig. 425). En 1870 le Guatemala adopta le système décimal ; l'effigie de Carrera disparut des coins (fig. 426). Les *pesos* frappés en 1872 portent l'allégorie de la république assise, tenant une corne d'abondance et la balance de la justice, et s'appuyant sur une colonne portant la date à laquelle fut mise en vigueur la nouvelle cons-

Fig. 426

titution : 30 DE JUNO DE 1871. En 1893, le Guatemala a fait frapper à la monnaie de Paris de nouvelles pièces d'argent. En 1895, il a fait frapper dans le même atelier des pièces d'or de 10 et de 5 *pesos,* tandis qu'en 1894 et 1895 une nouvelle fabrication d'argent eut lieu à Birmingham dans les ateliers Heaton et fils.

Dans les autres états le monnayage se fit longtemps d'une manière très irrégulière et les renseignements précis nous font complètement défaut ; il paraît n'avoir consisté le plus souvent qu'en pièces divisionnaires, *moneda provisional,* ayant le caractère d'espèces de nécessité ; souvent même on se borna à contremarquer des monnaies étrangères ou anciennes.

L'état de Costa Rica émit quelques *escudos* d'or. Le type reproduit les trois montagnes et l'arbre entouré de la légende LIBRA CRESCA FECUNDO. A l'avers des *réaux* d'argent nous trouvons un buste de femme (fig. 427). En 1850, l'écu national prend place sur le côté principal des espèces, *escudos, doubles escudos* et *demi-escudos* ou *pesos* d'or, *pesetas* ou quarts de *peso*, huitièmes et seizièmes de *peso* d'argent. En 1864, les divisions décimales de la monnaie se substituent aux coupures précédemment en usage, et nous voyons paraître les pièces d'argent de 50, 25, 10 et 5 *centavos*, puis des *centavos* de cuivre allié de nickel.

Fig. 427

Le code fiscal de Costa Rica, promulgué le 31 octobre 1885, dit que l'unité monétaire de la République est le *peso* pesant 25 grammes d'argent à 900 millièmes de fin. La loi prévoit l'émission de pièces d'or de 10, 5, 2 et un *peso*, des pièces d'argent de 1 *peso*, 50, 25, 10 et 5 *centimos*. Le type comprend, à l'avers, l'écu de la nation entouré des mots :

REPUBLICA DE COSTA RICA et du millésime, au revers, l'indication de la valeur, deux branches de caféier enlacées et les mots AMERICA CENTRAL, avec l'indication de l'aloi et les initiales de l'essayeur en légende circulaire. Nous ignorons si les pièces d'or ont été frappées, mais des émissions de monnaies d'argent eurent lieu, notamment en 1890 et 1894, chez Heaton et fils, à Birmingham.

En octobre 1896, le gouvernement de Costa Rica a abandonné l'étalon d'argent pour adopter l'étalon d'or. Aux termes de la loi votée par le Congrès de la République, la nouvelle unité monétaire est le *colon* de 100 cents, contenant 778 milligrammes d'or à 900 millièmes de fin. On frappera des pièces de 20, 10, 5 et 2 *colons*. Les monnaies d'argent, reléguées au rang de monnaies d'appoint, ne sont pas modifiées. Les pièces d'or porteront, d'un côté les armes avec les mots : REPUBLICA DE COSTA RICA et le millésime, de l'autre le buste de Christophe Colomb avec la légende : AMERICA CENTRAL et l'indication de la valeur. Une première fabrication de pièces d'or de 10 *colons* a eu lieu en 1897 dans l'atelier de Philadelphie.

Dans la République de Honduras, l'unité monétaire est le *peso* d'argent. En 1869 et en 1870 cet état fit frapper à Paris des monnaies de nickel ; celles de 1870 portent le nom du président José Maria Medina. Jamais le Honduras n'a fait frapper de monnaie d'or.

Le Nicaragua a la même unité monétaire. En 1884 et en 1887 des fabrications de pièces d'argent de 20, 10 et 5 *centesimos* ont eu lieu pour cette république chez Heaton et fils, à Birmingham. La même usine a fait en 1889 une fabrication de pièces de nickel de 3 *centavos* et 1 *centavo* pour la république de San Salvador.

§ III. — *Ile d'Haïti.*

Au commencement du XIXe siècle, l'île d'Haïti, qui avait passé tout entière en 1795, par le traité de Bâle, sous la domination française, se rendit indépendante. Après une période de guerres et de révolutions, le pays se trouva divisé en trois parties :

a) La partie Nord-Ouest, dans laquelle un nègre nommé Jacques Dessalines se proclama, en 1804, empereur sous le nom de Jacques I. Il fut remplacé en 1806 par Henri Christophe, qui après avoir pris le titre de président d'Haïti, s'affubla en 1812 du titre de roi ; il régna jusqu'en 1820.

On n'a pas de monnaies de Jacques Dessalines. Le catalogue Fonrobert lui attribue toutefois une contremarque qui se trouve empreinte sur quelques monnaies.

Henri Christophe a frappé, en 1807 et 1808, des *escalins* de 15 sols et des *demi-escalins* d'argent, portant d'un côté la figure de la liberté debout : MONNOIE D'HAYTI, et de l'autre un écusson couronné avec le chiffre HC : LIBERTAS. RELIGIO. MORES. Lorsque

Fig. 428

Christophe eut pris le titre de roi, il mit son effigie sur ses espèces, notamment sur une *gourde* d'argent frappée en 1814 (fig. 428). Plusieurs essais monétaires viennent augmenter l'intérêt de sa série métallique.

b) La partie Sud-Ouest, où se forma une république d'Haïti, gouvernée à partir de 1807 par le mulâtre Alexandre Pétion. En 1818, il eut pour successeur Jean Pierre Boyer.

Les premières monnaies de Pétion consistent en pièces d'argent anonymes de 25, 12 et 6 centimes, portant à l'avers une sorte de trophée, au revers la date AN 10, AN XI, AN 12 OU AN 13 au milieu d'un cercle formé par un serpent ; la légende circulaire est RÉPUBLIQUE D'HAYTI. En 1817, c'est-à-dire en l'an 14 de l'ère de l'indépendance haïtienne, Pétion place sur les espèces son effigie entourée de la légende A. PETION PRÉSIDENT. Cet exemple fut suivi par son successeur Boyer.

c) La partie orientale, avec Saint-Domingue pour capitale, avait été occupée en 1809 par les Anglais, et restituée en 1814 à l'Espagne. Elle se rendit indépendante en 1822, et reconnut comme chef le président Boyer qui, en 1820, avait été également reconnu par le Nord-Ouest de l'île.

Boyer fut donc, en 1822, président d'une république comprenant le territoire entier de l'île; il gouverna jusqu'en 1843. Ses monnaies d'argent continuèrent à porter son effigie; les pièces de cuivre sont anonymes; elles portent le faisceau consulaire entouré de la devise LIBERTÉ ÉGALITÉ.

En 1843, une scission se produisit. Le Nord-Ouest conserva le nom de république d'Haïti ; le Sud-Ouest, où dominait l'élément espagnol, prit le nom de république Dominicaine.

République d'Haïti. — Sous les premiers successeurs de Boyer, les émissions consistèrent presque exclusivement en pièces de cuivre au type de faisceau. En 1849, le président Faustin Soulouque se proclama empereur d'Haïti sous le nom de Faustin I. Son buste couronné figure sur quelques pièces de cuivre. Le régime impérial dura jusqu'en 1858. En cette année, Nicole Geffrard fut nommé président de la république et mit comme tel sa tête à l'avers des pièces de bronze de 20, 10 et 5 centimes dont se compose le seul numéraire frappé pour son gouvernement par la maison Heaton de Birmingham (fig. 430).

Fig. 429

Fig. 430

La loi du 24 septembre 1880 a décrété la frappe d'une nouvelle monnaie haïtienne appelée *gourde*, pesant 1 gr. 6129 en or au titre de 900 millièmes, et 25 grammes en argent au même titre. Ces pièces représentent donc l'équivalent de nos pièces de 5 francs. La monnaie divisionnaire de 50, 20, 10 et 5 *centièmes* en argent à 835 millièmes de fin a également comme base le système français. Cette loi n'a pas encore reçu d'exécution en ce qui concerne l'or, mais de 1881 à 1895 la monnaie de Paris a frappé des pièces d'argent de 1 *gourde*, 50, 20 et 10 *centièmes*, et des pièces de bronze de 2 et 1 *centièmes*, pour le compte du gouvernement haïtien. Les coins gravés par Roty portent à l'avers une tête d'haïtienne avec la coiffure nationale.

République Dominicaine. — Lorsqu'en 1844 le Sud-Ouest de l'île se fut érigé en république indépendante sous la présidence de Pedro Santana, le nouveau gouvernement émit des *cuartillas* en cuivre jaune, portant à l'avers la légende: REPUBLICA DOMINICANA, autour d'un champ vide, au revers l'indication $\frac{1}{4}$ et le millésime.

Plus tard, la République Dominicaine adopta un système décimal analogue au système mexicain. Comme monnaies divisionnaires, elle posséda, à partir de 1877, des pièces de nickel de 5 *centavos*, 2 $\frac{1}{2}$ *centavos* et 1 $\frac{1}{4}$ *centavo* (fig. 431 et 432). En 1888, une émission de nickel fut faite à la monnaie de Paris, et plus tard à la monnaie de Berlin.

Le 17 août 1889, le système monétaire fut complètement modifié. L'unité adoptée est le *dominicano* d'argent divisé en 100 *centesimos*. La loi autorisa l'émission de pièces d'or de 100, 50 et 25 *dominicanos* et de pièces d'argent de 5 *dominicanos*, 1 *dominicano* et 50 *centesimos*; l'or est à

900 millièmes, l'argent à 835 millièmes de fin. La loi dit que les pièces seront frappées de manière à établir une différence exacte de 25 pour cent entre leur valeur et la valeur des unités correspondantes de l'Union latine; le *dominicano* vaut donc 75 centimes de notre monnaie, et les autres pièces de la république ont une valeur à l'avenant. La loi du 16 juillet 1890 a substitué des monnaies divisionnaires de bronze aux pièces

Fig. 431 Fig. 432

de nickel. En 1897, des monnaies d'argent ont été frappées dans l'atelier de Philadelphie, pour le compte du gouvernement dominicain.

§ IV. — *Nouvelle-Grenade et Colombie.*

La Nouvelle Grenade se rendit indépendante de l'Espagne en 1811. Ses monnaies, frappées à Santa Fé de Bogota, dans la province de Cundinamarca, sont conformes au système espagnol et consistent en *piastres de 8 réaux* et leurs divisions. Le type se compose, à l'avers, d'une tête d'Indienne couronnée de plumes et entourée des mots LIBERTAD AMERICANA. Le revers porte une grenade, dont la tige est garnie de trois feuilles, et la légende NUEVA GRANADA, à laquelle s'ajoute parfois le nom de CUNDINAMARCA.

En 1819, la Nouvelle-Grenade, unie au Vénézuéla et à l'Équateur, forma la République de Colombie, mais l'union que l'autorité de Bolivar le Libérateur avait seule pu maintenir, fut dissoute en 1836, et chaque état reprit son autonomie. Les monnaies, toujours frappées dans le système espagnol, reflètent par leur légende, REPUBLICA DE COLOMBIA, le changement survenu en 1819. Les pièces d'or portent le buste de la Liberté et, au revers, le faisceau consulaire posé sur un arc et trois flèches en sautoir, entre deux cornes d'abondance. Cette représentation remplace de bonne heure sur les monnaies d'argent la tête d'indienne coiffée de plumes qui avait d'abord été conservée. Les ateliers monétaires de la République de Colombie étaient placés à Bogota et à Popayan (Nouvelle-Grenade), et à Quito (Équateur).

La République de la Nouvelle-Grenade conserva pour ses monnaies d'or le buste de la Liberté; au revers figure l'écusson national, qui se retrouve à l'avers des *pesos* frappés en 1837. Dès 1839, le type de l'argent change, tant dans l'atelier de Bogota que dans celui de Popayan. Notre figure 433 représente le *peso* de cette nouvelle empreinte.

Fig. 433

En 1847, la Nouvelle-Grenade fit un pas dans l'adoption du système décimal. Le *peso* fut divisé en 10 réaux de 10 centavos, et l'argent fut mis au titre de 900 millièmes. Par une sorte de transaction avec l'ancien système, on continua à frapper une pièce de 8 réaux, qui prit le nom de *granadino*. Le type du nouveau peso se compose à l'avers de l'écusson de la république, surmonté d'un cordon et posé sur des drapeaux (fig. 434).

Fig. 434

En 1858, la République de la Nouvelle-Grenade se scinda en huit états confédérés sous le nom de Confédération Grenadine. Le monnayage fut continué sans modifications à Bogota comme à Popayan.

Le 20 septembre 1861, un nouveau changement politique transforma la Confédération grenadine en États-Unis de Colombie. En 1864 un troisième atelier fut ouvert à Medellin, dans l'état d'Antioquia. La loi du 9 juin 1871 est venue rapprocher davantage le système monétaire de celui de l'union latine. L'unité monétaire est le *peso* en or identique comme poids et comme titre à nos pièces d'or de 5 francs. Voici l'échelle des valeurs en or et en argent :

		Titre.
Or.	20 *pesos* ou *double condor*	
	10 *pesos* ou *condor*	900 millièmes.
	Peso.	
Argent.	*Peso*	900 millièmes.
	Deux decimos	835
	Decimo	500
	Demi-decimo	250

Le type des monnaies se compose, à l'avers, de la tête de la Liberté entourée des mots ESTADOS UNIDOS DE COLUMBIA et de neuf étoiles, au revers, de l'écusson national, portant, en légende, le nom de la monnaie, de l'atelier de fabrication, l'indication du poids et du titre.

En 1874, les États-Unis de Colombie ont fait frapper chez Heaton et fils, à Birmingham, des monnaies de nickel de $1 \frac{1}{4}$ *centavo*, suivies peu de temps après de pièces de $2 \frac{1}{2}$ *centavos* (fig. 435). Une loi du 22 juillet 1886 a créé une troisième monnaie de nickel de 5 *centavos*. En 1894, les ateliers de Heaton et fils ont également fourni une nouvelle pièce d'argent de 50 *centavos*, ou demi-peso, qui porte à l'avers la tête de Christophe Colomb.

Fig. 435

§ V. — *Vénézuéla.*

Lorsque Napoléon eut installé son frère Joseph sur le trône d'Espagne, il ne put le faire reconnaître aux colonies. Des juntes s'organisèrent, qui agirent d'abord au nom de Ferdinand VII, mais pour en venir peu à peu à se comporter en puissances autonomes. Le 19 avril 1810, la *Junta suprema conservadora de Fernando VII*, qui s'était formée au Vénézuéla, déposa le dernier capitaine général espagnol et commença à gouverner pour son propre compte. C'est à ce coup d'état et à ses conséquences que se rattache le *quart de réal* de cuivre dont nous donnons la figure d'après le catalogue de la collection Fonrobert (fig. 436).

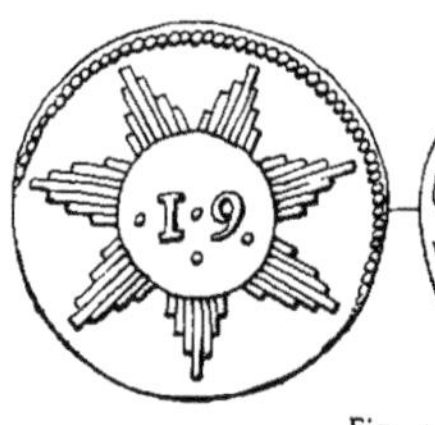

Fig. 436

En 1819, le Vénézuéla entra dans la république de Colombie, mais jusqu'en 1821 Caracas se trouva au pouvoir des Espagnols. En 1821 et 1822 furent émis des *cuartinos* de cuivre ayant tout le caractère de monnaies de nécessité; ils portent à l'avers l'étoile avec le chiffre 19 au centre, et au revers le nom abrégé VENEZ[A], entre la date et l'indication de valeur $\frac{1}{4}$.

Après la dissolution de la république de Colombie, le Vénézuéla forma une république indépendante, mais la circulation monétaire y fut d'abord alimentée exclusivement par les espèces anciennes ou étrangères. Comme pour la plupart des pays de l'Amérique du Sud, nous n'avons pu nous procurer les premières lois et ordonnances monétaires du Vénézuéla ; nous devons nous borner à exposer l'histoire métallique telle qu'elle résulte des monnaies elles-mêmes dont nous avons sous les yeux les spécimens ou dont nous trouvons la description dans les catalogues. En 1843 et 1852, il y eut en Angleterre de émissions successives deux *centavos, medios centavos* et *cuartos de centavos* de cuivre, portant à l'avers la tête de la Liberté coiffée du bonnet phrygien et entourée de la légende REPUBLICA DE VENEZUELA; le revers porte l'indication de la valeur et le millésime entre deux branches de laurier.

La loi du 23 mars 1857 accomplit au Vénézuéla une réforme importante, en dotant le pays d'un système monétaire complet. Le *venezolano* d'or, égal en poids et en titre à notre pièce d'or de 5 francs, fut déclaré unité monétaire; il se divisait en 100 *centavos*. En argent, il y eut comme monnaies réelles le *peso* de 10 réaux ou 100 centavos, de même valeur que le *venezolano* d'or, le *medio peso* de cinq réaux, la pièce de *deux réaux* ou cinquième de peso, le *réal* ou dixième de peso, le *medio réal* ou vingtième de peso. Le *medio-peso* et les pièces de valeur inférieure portent à l'avers une tête de Liberté, au revers les armes de la république et l'indication de la valeur et du poids en grammes; ces pièces furent frappées en 1858 à la Monnaie de Paris, avec des coins gravés par Barre. La même année, l'atelier de Heaton à Birmingham commença une fabrication de *centavos* de cuivre. En 1863, la Monnaie de Paris fit une fabrication de *pesos*, également dus au burin de Barre; ils portent d'un côté la tête du président Antonio Paéz, citoyen illustre, CIUDADANO ESCLARECIDO (fig. 437), et au revers l'indication de valeur, 10 REALES, dans une couronne de laurier.

Fig. 437

Le 11 mai 1871, les États-Unis de Vénézuéla, dénomination nouvelle prise par la république, adoptèrent une loi monétaire nouvelle qui se rapproche davantage de celle de l'Union latine. Voici les pièces dont cette loi autorisa la frappe :

		Poids.	Titre.
OR.	*Bolivar* de 20 venezolanos. .	32 gr. 258	900 millièmes.
	Doblon de 10 venezolanos. . .	16 129	
	Escudo de 5 venezolanos. . .	8 065	
	Venezolano d'oro.	1 612	

		Poids.		Titre.
ARGENT.	*Venezolano de plata* ou *peso*. .	25		900 millièmes.
	Medio venezolano (50 centavos).	12	50	845
	Dos decimos (20 centavos).. .	5		845
	Decimo (10 centavos). . . .	2	50	845
	Ventesimo (5 centavos). . .	1	25	845

Les nouvelles espèces ont pour type, à l'avers, la tête de Bolivar, BOLIVAR LIBERTADOR, tournée à gauche, au revers, l'écusson national entouré des mots : ESTADOS UNIDOS DE VENEZUELA. Les monnaies portent l'indication de leur poids et de leur titre. Les nouvelles pièces d'argent du Vénézuéla furent gravées par Albert Barre.

En 1879 et 1880 des monnaies d'or et d'argent furent fabriquées à Bruxelles pour le compte de la république. Un décret de juin 1884 décida l'installation d'un atelier monétaire à Caracas. En 1893 et 1894, le Vénézuéla s'adressa de nouveau à la Monnaie de Paris pour la frappe de monnaies d'argent.

§ VI. — *République de l'Équateur.*

En 1836, après la dissolution de la république de Colombie, l'Équateur se constitua en république indépendante. Aussitôt, sur les monnaies d'or et d'argent frappées à Quito dans l'ancien système espagnol, la légende REPUBLICA DEL ECUADOR fut substituée aux mots EL ECUADOR EN COLOMBIA, qui avaient jusqu'alors distingué les espèces. Les types monétaires de l'Équateur indépendant se composent du buste de la liberté, des armes nationales, du buste de Bolivar.

Une loi du 5 décembre 1856 prescrivit l'adoption dans l'Équateur du système métrique de poids et mesures et d'un système monétaire identique au système français. Les dénominations françaises furent même conservées, et l'unité prit le nom de *franco*. Cette réforme ne put toutefois avoir raison du compte en pesos de 8 réaux, tostons de 4 réaux et réaux, auquel la population était habituée.

Le 21 novembre 1871, les chambres substituèrent au *franco*, comme unité monétaire, le *peso* d'argent de 5 *francos*, divisé en 10 réaux ou *decimos* et en 100 *centavos*. En 1872 des *centavos* et *dos centavos* de bronze furent fabriqués, pour l'Équateur, dans les ateliers de Heaton à Birmingham ; ces pièces portent à l'avers les armes de la république, au revers, l'indication de la valeur dans une couronne de palmes et de lauriers.

L'Équateur est actuellement régi par la loi monétaire du 1er mai 1884, qui a prévu l'émission des pièces suivantes et adopté le double étalon :

		Diamètre.	Poids.	Titre.
OR.	*Double condor.* .	34 mill.	32 gr. 25806	900 millièmes.
	Condor. . . .	26	16 · 12903	
	Doublon. . . .	21	6 45161	
	$\frac{1}{5}$ *de condor..* .	16	3 22580	
	$\frac{1}{10}$ *de condor.* .	13	1 61290	
ARGENT.	*Sucre..* . . .	37	25	900 millièmes.
	Demi-sucre. . .	30	12 500	
	$\frac{2}{10}$ *de sucre..* .	23	5	
	$\frac{1}{10}$ *de sucre..* .	18	2 500	
	$\frac{1}{20}$ *de sucre..* .	14	2 250	
NICKEL.	*Demi-décime.* .	14	7	

L'unité monétaire est le *sucre* d'argent, identique comme poids et titre à la pièce de 5 francs de l'Union latine. Le nom de *sucre* vient du maréchal Sucre, ancien président de la république, dont l'effigie figure sur la plupart des pièces.

La loi de 1884 n'a pas encore reçu d'application en ce qui concerne la fabrication des pièces d'or, mais le gouvernement de l'Équateur a fait frapper à Birmingham, à Lima et à Philadelphie, des monnaies d'argent et de nickel.

§ VII. — *République du Pérou.*

Le Pérou fut la dernière colonie espagnole qui se rendit indépendante. Les Espagnols en furent chassés par Saint-Martin, le libérateur du Chili, et par Bolivar, le libérateur de la Colombie. En 1824, un lieutenant de Bolivar, le général Sucre, remporta la victoire d'Ayacucho, qui clôt la domination espagnole sur le continent américain.

Le 28 juillet 1821, Lima proclama son indépendance, et aussitôt l'atelier monétaire établi dans cette ville frappa des *pesos de 8 réaux* et des *tostons de 4 réaux*, médailles autant que monnaies, pour célébrer ce grand fait historique. Les premiers *pesos*, uniquement destinés à la circulation, portent à l'avers la Vertu et la Justice debout, et au revers les armes adoptées par la nouvelle république; les légendes sont: PERU LIBRE POR LA VIRTUD Y LA JUSTICIA. A ces monnaies succèdent bientôt des espèces obsidionales, d'abord mises en circulation par les républicains, puis en 1824 par le général espagnol Canterac, assiégé à Lima.

En 1825, la série républicaine reprend pour ne plus s'interrompre. Les monnaies portent la liberté debout : FIRME Y FELIZ POR LA UNION, devise bien souvent démentie par les révolutions et les guerres civiles. Les ateliers sont Lima, Arequipa, Cuzco et Pasco.

Une loi du 2 octobre 1857 substitua à l'ancien système monétaire espagnol, resté en usage, des monnaies nouvelles basées sur le système décimal. Une nouvelle loi du 31 janvier 1863 a apporté quelques modifications légères au régime. Le tableau suivant représente les monnaies péruviennes actuelles d'or et d'argent :

		Diamètre.	Poids.	Titre.
OR.	*Pièce de 20 sols.*	35 mill.	32 gr. 256	900 millièmes.
	Pièce de 10 sols.	28	16 128	
	Pièce de 5 sols.	23	8 064	
	Pièce de 2 sols.	19	3 224	
	Sol.	17	1 612	
ARGENT.	*Sol.*	37	25	900 millièmes.
	Demi-sol.	30	12 500	
	$\frac{1}{5}$ *de sol.*	23	5	
	Dinero.	18	2 500	
	Demi-dinero.	15	1 250	

Comme monnaies divisionnaires, la loi de 1863 avait créé des monnaies de nickel de 1 et 2 *centavos*, portant à l'avers un soleil entouré des mots : REPUBLICA PERUANA. Une nouvelle loi, du 18 décembre 1878, créa une monnaie provisoire, MONEDA PROVISIONAL, de nickel de 20 *centavos*. Ces diverses pièces furent démonétisées par la loi du 23 mars 1880, qui a stipulé qu'à l'avenir les monnaies d'appoint seraient en bronze.

En 1867, la situation du marché métallique détermina le gouvernement péruvien à décider que les monnaies d'or n'auraient plus de valeur officielle, et qu'elles seraient émises et reçues au taux que détermineraient les fluctuations du cours. Le seul atelier monétaire actuellement en activité au Pérou est celui de Lima.

§ VIII. — *République de Bolivie.*

En 1825, le général Sucre poussa le Haut-Pérou à s'ériger en un état distinct qui prit le nom de République de Bolivie.

Le type des premières monnaies boliviennes d'or et d'argent frappées suivant l'ancien système espagnol se compose du buste lauré, parfois de la tête laurée, de Bolivar, entourés de la devise : LIBRE POR LA CONSTI-

TUCION. Le revers des monnaies d'or présente un paysage bolivien, le soleil se levant derrière le Cerro de Potosi, et, au premier plan, un lama debout. Sur l'argent, nous trouvons un cocotier entre deux lamas couchés. L'atelier de la Bolivie était situé à Potosi. En 1853, le président Belzu créa une seconde officine à La Paz.

Outre les monnaies ordinaires, la série bolivienne comprend une suite nombreuse de monnaies commémoratives célébrant divers événements de la vie nationale, souvent agitée par les révolutions et les coups d'état: proclamation de la constitution de 1831, témoignages de reconnaissance envers les libérateurs, hommage à des présidents, etc.

Une loi du 23 juin 1863, encore en vigueur, accomplit en Bolivie une réforme monétaire, en adoptant le système décimal. L'unité monétaire est le *peso* ou *boliviano* d'argent, divisé en 100 centavos. Voici le tableau des monnaies en circulation conformément à ce système :

	Diamètre.	Poids.	Titre.
ARGENT. *Boliviano*. . .	35 mill.	25 gr.	900 millièmes.
50 *centavos*.. .	30	12 500	
20 *centavos*.. .	23	4 500	
10 *centavos*.. .	18	2 250	
5 *centavos*.. .	15	1 125	

En 1883, le gouvernement bolivien a fait frapper à Paris des pièces de nickel de 10 et de 5 *centavos*, et des pièces de bronze de 2 *centavos* et d'un *centavo*; d'autres fabrications de nickel ont eu lieu dans la suite, soit à Paris, soit en Angleterre. La loi de 1863 est strictement monométallique; l'or n'est frappé qu'en petite quantité et les monnaies de ce métal sont considérées comme pièces de commerce soumises aux fluctuations du cours; elles consistent en *onces* pesant 25 grammes à 900 millièmes de fin, *demi-onces*, quarts d'once ou *doublons*, huitièmes d'once ou *escudos* et seizièmes d'once ou *medios escudos*; c'est l'ancienne échelle espagnole des valeurs qui, en somme, a été conservée.

§ IX. — *République du Chili.*

Le Chili se souleva en 1810 contre les Espagnols, mais en 1814 ceux-ci parvinrent à rétablir leur domination. Une nouvelle insurrection fut plus heureuse en 1817, grâce à l'appui du général argentin Saint-Martin.

Le 9 juin 1817, le Directeur Délégué suprême, colonel des Armées de la Patrie, Don Hilarion de la Quintana, signa un décret ordonnant la substitution, sur les monnaies d'argent chiliennes, d'une empreinte républicaine, à l'ancien type royal. Les termes de ce décret méritent d'être cités, comme un curieux échantillon de littérature révolutionnaire :

« *En una época en que los augustos emblemas de la libertad se ven por todas partes susti-*
« *tuidos á la execrable imájen de los antiguos désposta, seria un absurdo extraordinario que*
« *nuestra moneda conservase ese infame busto de la usurpacion personificada. La posteridad*
« *se escandalizaria i juzgaria acaso que la cobardia é irreflección mantuvieron esos monu-*
« *mentos degradantes en los dias de la independencia. Consiguiente á estos principios, se*
« *declara que en lo sucesivo nuestra moneda de plata tendrá por el anverso el nuevo sello del*
« *Gobierno, encima de la estrella una tarjeta con esta inscripcion :* LIBERTAD *i al rededor de*
« *ésta :* UNION Y FUERZA, *bajo la columna el año. Por el reverso presentera un volcan i en-*
« *cima una corona de laurel en cuyo centro se pondrá el valor i al rededor :* CHILE INDEPEN-
« DIENTE, *debajo del cerro,* SANTIAGO.

« *La codicia española llevará á su pesar por todas partes en el símbolo representativo de*
« *nuestras riquezas, de la majestad del pueblo chileno i constante resolucion de los Ameri-*
« *canos.*

« *El que de cualquier modo violase ó rehusase la nueva moneda será castigado como traidor*
« *á la patria, con todo el rigor que las leyes caducas imponian à los defraudadores del signo*
« *de los sangrientos reyes de la conquista.* »

Le type décrit dans ce document resta, jusqu'en 1839, celui des monnaies chiliennes d'argent. Les premières pièces d'or parurent en 1834; l'avers porte une colonne brochant sur deux drapeaux en sautoir, le revers, un soleil au-dessus d'une chaîne de montagnes; les légendes sont: POR LA RAZON O LA FUERZA, et: EL ESTADO DE CHILE CONSTIT. INDEPENDIENTE A. D. 1818. En 1836, une nouvelle empreinte se montre pour l'or: d'un côté, un dextrochère posé sur le livre de la constitution : IGUALDAD ANTE LA LEI, de l'autre, l'écu à l'étoile du Chili, soutenu par un lama et un condor : REPUBLICA DE CHILE.

En 1839, de nouveaux coins furent adoptés, tant pour l'or que pour l'argent. L'or présente à l'avers la Liberté debout, s'appuyant de la main droite sur l'autel de la constitution. L'argent porte d'un côté l'écu à l'étoile, surmonté de trois plumes d'autruche, de l'autre, un condor brisant une chaîne, avec cette devise : POR LA RAZON Y LA FUERZA. Le titre, 21 *quilates* : 21 Q^s pour l'or, et 10 D^s 20 G^s pour l'argent, est indiqué à l'exergue.

En 1848, le Chili adopta le système métrique des poids et mesures et une loi du 9 janvier 1851 créa la monnaie décimale. Le *peso* d'argent, du poids de 25 grammes à 900 millièmes de fin, divisé en 10 *decimos* ou 100 *centavos*, fut désormais l'unité monétaire. Au revers des nouveaux *pesos*, le condor tient dans le bec une chaîne brisée et appuie la serre droite sur un écusson ovale chargé d'un faisceau qu'entourent des étoiles.

Une loi du 28 juillet 1860 réduisit le poids des monnaies divisionnaires de 8 pour 100, de sorte que les pièces de 20 *centavos* pesèrent 4 gr. 60 au lieu de 5 grammes. La loi du 25 octobre 1870 introduisit au Chili l'emploi de la monnaie de nickel; on frappa des pièces de 2 *centavos*, 1 *centavo* et un *demi centavo* portant à l'avers la tête de la République et au revers l'indication de la valeur entourée des mots: ECONOMIA ES RIQUEZA. En vertu d'un décret du 18 juin 1879, on a émis temporairement des monnaies divisionnaires d'argent au titre de 500 millièmes.

La loi du 11 février 1895 a fixé le système monétaire actuel du Chili et décidé l'émission des pièces suivantes :

		Diamètre.	Poids.	Titre.
OR.	*Condor* ou 20 pesos.	27 mill.	11 gr. 98207	916,66 millièmes.
	Doblon ou 20 pesos.	21	5 99103	
	Escudo ou 5 pesos. .	16,5	2 99551	
ARGENT.	*Peso*.	35	20	835 millièmes.
	20 *centavos*. . . .	21,5	4	
	10 *centavos*. . . .	17	2	
	5 *centavos*. . . .	14,5	1	

Les monnaies d'or portent à l'avers un buste de République et au revers les armes du Chili avec l'indication de la valeur en toutes lettres. Un condor figure à l'avers des pièces d'argent; au revers se trouve l'indication de la valeur dans une couronne de laurier. Les nouvelles monnaies chiliennes, dont les coins ont été gravés par Roty, ont été fabriquées à l'atelier de Paris. La loi ne fixe aucun rapport entre l'or et l'argent.

A la numismatique chilienne se rattachent un certain nombre de monnaies obsidionales ou de nécessité, frappées pendant les révolutions ou les guerres qui désolèrent à diverses reprises la république. M. Weyl, dans le catalogue de la collection Fonrobert, cite les monnaies obsidionales suivantes:

Copiapo. — *Pesos* d'argent frappés en 1865, pendant le blocus des ports chiliens par la flotte espagnole; ils portent en creux à lavers l'écu *à* l'étoile accosté de 1 P, et les mots COPIAPO. CHILE, au revers la date.

Coquimbo. — *Pesos* et 50 *centavos* d'argent frappés en 1859 par le propriétaire de mines Pedro-Leon Gallo, dans la province de Coquimbo, pendant le soulèvement contre le président Manuel Montt, pièces ronde portant deux contremarques, l'une à l'écu chilien, l'autre à l'indication de la valeur.

Valparaiso. — Monnaies étrangères contremarquées d'un poinçon représentant trois montagnes sous lesquelles se lit le nom abrégé de la ville: VALP, émission faite en 1829 par le président Francisco-Roman Vicuña, chassé de Santiago par une révolution.

§ X. — *République argentine.*

Le mouvement de l'indépendance éclata sur les rives du rio de la Plata en 1810; en juillet 1816, le congrès de Tucuman déclara solennellement les Provinces Unies soustraites au gouvernement de l'Espagne.

Dès le 13 avril 1813, l'Assemblée Générale Constituante décida de faire frapper à la monnaie de Potosi des monnaies d'or et d'argent du même poids et du même titre que les monnaies du règne de Ferdinand VII, mais de type républicain. Ces pièces portent d'un côté un soleil rayonnant, entouré des mots : PROVINCIAS DEL RIO DE LA PLATA, de l'autre un écusson ovale avec deux mains jointes tenant une haste surmontée du bonnet phrygien, et, en légende : EN UNION Y LIBERTAD. La fabrication de ces pièces fut interrompue en 1815, à la suite du désastre de Sipe-Sipe, qui remit le Haut-Pérou avec l'atelier de Potosi sous la domination provisoire du roi d'Espagne [1].

La province de Tucuman en 1820, Mendoza pendant l'administration du colonel Molina en 1822-24 [2], la Rioja et Santiago del Estero en 1823, frappèrent des monnaies d'argent en petite quantité. A partir de 1824, l'atelier de la Rioja émit l'or et l'argent des provinces du Rio de la Plata. En 1827 un atelier fut créé à Buenos-Aires.

En 1836, Jean Manuel de Rosas, qui depuis 1829 était gouverneur de Buenos-Aires, se proclama dictateur et le pays prit le nom de République argentine Confédérée. Le 17 juillet 1836, la législature vota une loi décidant que les monnaies porteraient dorénavant le buste du dictateur, et, au revers, une montagne baignée par les eaux et des trophées d'armes, le tout entouré des mots : POR LA LIGA LITORAL SERA FELIZ. A la demande de Rosas, son buste disparut des espèces et fut remplacé par les armes de la confédération entourées, non plus, comme jadis, de la divise *la union y libertad*, mais des mots : ETERNO LOOR AL RESTAURADOR ROSAS. En 1843 un atelier fut créé à Cordova ; il fut supprimé en 1855.

En 1854, le gouvernement argentin fit frapper en Europe des monnaies de cuivre de 4, 2 *centavos* et 1 *centavo*, portant à l'avers un soleil entouré des mots : CONFEDERACION ARGENTINA, et au revers l'inscription : TESORO NACIONAL BANCO avec l'indication de la valeur en toutes lettres.

1. E. Peña. *Primera casa de moneda en Buenos Aires*, dans la *Rivista del museo de la Plata*, t. VI, 1894.

2. E. Peña, *Acuñacion de moneda provincial en Mendoza en los años de 1822-24*, dans la *Rivista del museo de la Plata*, t. IV, 1892.

La circulation monétaire consistait presque exclusivement en papier monnaie, quand une loi du 29 septembre 1875 tenta une réforme en adoptant l'étalon unique d'or. Voici les principaux articles de cette loi :

1. L'unité monétaire de la république sera une monnaie d'or du poids d'un gramme et deux tiers, et de 900 millièmes de fin, qui se nommera *peso fuerte*. — 2. Le *peso* fuerte se divisera en 10 *decimos*, chaque *decimo* en 10 *centavos*, et chaque *centavo* en 10 *milesimos*. — 3. Les multiples de l'unité monétaire seront : une pièce d'or de 8 gr. 330 qui vaudra 5 *pesos fuertes* et s'appellera *medio colon*, une pièce d'or de 16 gr. 660 qui vaudra 10 *pesos fuertes* et s'appellera *colon* ; une pièce d'or de 33 gr. 333 qui vaudra 20 *pesos fuertes* et s'appellera *doble colon*. Toutes ces pièces seront à 900 millièmes de fin. — ... 6. La monnaie de billon se composera des pièces suivantes : une pièce d'argent de 27 gr. 110, qui vaudra un *peso fuerte* et s'appellera *peso de plata* ; une pièce d'argent de 12 gr. 500 qui vaudra et s'appellera *cincuenta centavos* ; une pièce d'argent de 5 gr. qui vaudra et s'appellera *veinte centavos*; une pièce d'argent de 2 gr. 500 qui vaudra et s'appellera *diez centavos* ; une pièce d'argent de 1 gr. 250 qui vaudra et s'appellera *cinco centavos*. Toutes ces pièces seront à 900 millièmes de fin. On frappera en outre des pièces composées de 95 parties de cuivre, 4 d'étain et 1 de zinc, pesant 10 et 5 gr., et valant respectivement *dos centavos* et *un centavo*. — 9. Dans tout paiement supérieur à 20 *pesos fuertes*, personne ne sera contraint de recevoir plus de la valeur d'un *colon* en monnaie d'argent, ni plus que la valeur d'un *peso fuerte* et monnaie de bronze.

La même loi décida la création de deux ateliers monétaires, l'un à Buenos-Aires, où l'officine ouverte en 1827 avait cessé d'exister en 1861, et l'autre à Salta. Une loi du 15 octobre 1877 ouvrit les crédits nécessaires à l'établissement de la Monnaie de Buenos-Aires, mais l'érection de celle de Salta n'eut pas lieu.

Une nouvelle loi, du 5 novembre 1881, a établi dans la République argentine le régime monétaire actuellement en vigueur, fondé sur un système bimétallique avec le rapport de 1 à 15 $\frac{1}{2}$. Le *peso* d'or ou d'argent est l'unité monétaire. Voici le tableau des pièces qui composent l'échelle des valeurs d'échange :

		Diamètre.	Poids.	Titre.
OR.	*Argentino* de 5 pesos. . .	22 mill.	8 gr. 0645	900 millièmes.
	$\frac{1}{2}$ *argentino* de 2 $\frac{1}{2}$ pesos..	19	4 0322	
ARGENT.	*Peso*.	37	25	900 millièmes.
	50 *centavos*.	30	12 500	
	20 *centavos*.	23	5	
	10 *centavos*.	18	2 500	
	5 *centavos*.	16	1 250	
NICKEL.	20 *centavos*.	21	4	
	10 *centavos*.	19	3	
	5 *centavos*.	17	2	
BRONZE.	2 *centavos*.	30	10	
	Centavo.	25	5	

Les pièces d'or, d'argent et de bronze portent à l'avers un écusson aux armes de la République avec l'inscription REPUBLICA ARGENTINA et le millésime, au revers, un buste coiffé du bonnet phrygien, avec le mot LIBERTAD, la valeur et le titre de la pièce. Les monnaies de nickel portent d'un côté le même buste, de l'autre l'indication de la valeur (fig. 438).

Fig. 438

§ XI. — *République de l'Uruguay.*

Lors de la proclamation de l'indépendance, les Portugais occupèrent la rive gauche du rio de la Plata. Le gouvernement de Buenos-Aires protesta et s'empara en 1814 de Montevideo, après un long siège. En 1821, le pays retomba au pouvoir du Brésil, qui l'érigea en une République Cisplatine. Une nouvelle guerre entre le Brésil et les Argentins se termina en 1828 par le traité qui créa la République Orientale de l'Uruguay.

Depuis 1840, l'Uruguay a fait frapper des monnaies de cuivre de 20 et de 5 *centesimos*, portant à l'avers un soleil rayonnant entouré des mots REPUBLICA ORIENTAL DEL URUGUAY, au revers l'indication de la valeur. En 1843 éclata dans ce pays une longue guerre civile entre les *colorados* ou libéraux, sous la direction de Rivera, et les *estanceros* ou grands propriétaires, commandés par Oribe. Celui-ci mit le siège devant Montevideo, et ce siège ne fut levé que huit ans plus tard, le 2 septembre 1851, à la suite d'une intervention du Brésil. En 1844 un atelier monétaire fut organisé à Montevideo; on y frappa des *pesos fuertes* d'argent, portant d'un côté l'écu ovale de la République dans une couronne de chêne, de l'autre l'indication de la valeur au milieu de neuf étoiles et de la légende: SITIO DE MONTEVIDEO.

A part cette piastre obsidionale, le numéraire national de l'Uruguay ne comprit longtemps que des monnaies de cuivre frappées à l'étranger. En 1857, l'atelier de Lyon frappa pour cette république des pièces de cuivre de 40, 20 et 5 *centesimos*, au type du soleil rayonnant.

Les lois du 23 juin 1862 et du 7 juin 1876 ont établi le système monétaire actuel de l'Uruguay. L'or est l'étalon monétaire et l'unité idéale est la piastre nationale en or, du poids de 1 gr. 697 au titre de 917 millièmes, mais jusqu'à présent aucune pièce d'or n'a été frappée. Les monnaies réelles sont les suivantes:

		Diamètre.	Poids.	Titre.
Argent.	*Peso.*	37 mill.	25 gr.	900 millièmes.
	50 *centesimos.* .	33	12 5	900 millièmes.
	20 *centesimos.* .	23	5	900 millièmes.
	10 *centesimos.* .	18	2 5	900 millièmes.
Bronze.	4 *centesimos.* .	35	20	
	2 *centesimos.* .	30	10	
	1 *centesimo..* .	25	5	

A l'avers des monnaies d'argent sont gravées les armes de la république avec les mots: REPUBLICA ORIENTAL DEL URUGUAY; à l'avers de celles de bronze figure un soleil entouré de la même légende. L'Uruguay n'a pas d'atelier monétaire; ses pièces de bronze ont été faites à Paris en 1869; en 1877 le même atelier a fait une fabrication d'argent; en 1892 et 1893 une autre fabrication d'argent à été faite à Santiago; enfin, en 1895, c'est à l'atelier de Buenos-Aires que le gouvernement urugayen s'est adressé.

§ XII. — *République du Paraguay.*

Nous manquons de renseignements précis sur la numismatique du Paraguay. L'unité monétaire du pays est l'ancienne *piastre* espagnole d'argent qui se divisait en 8 *réaux* de 2 *medios* à 2 *cuartillos,* mais qui depuis 1870 se compte à raison de 100 *centesimos.*

En 1845, on mit en circulation des monnaies de cuivre valant le douzième du *medio,* soit le 192e du peso ou de la piastre. Leur type se compose d'un lion debout devant une lance surmontée du bonnet de la liberté et au revers de l'indication de la valeur $\frac{1}{12}$ entourée des mots REPUBLICA DEL PARAGUAY.

En 1854 et 1855, divers essais de *peso fuerte* ou pièce de 10 réaux et de pièces d'or furent faits à Paris, mais ils marquent une tentative de monnayage non suivie d'effet. En 1864 parut un *peso fuerte* d'argent portant à l'avers la Liberté assise sur un rocher, tenant les attributs de la paix et de la justice; le revers montre le lion debout devant la lance, qui constitue le motif de l'écusson national.

En 1868 et 1869, pendant la longue guerre qu'il soutint contre le Brésil, la république argentine et l'Uruguay, le président Francisco Solano Lopez fit contremarquer aux armes du Paraguay des monnaies étrangères qui lui servirent de pièces de nécessité, principalement destinées au paiement de ses troupes.

En 1870, le Paraguay fit frapper des pièces de bronze de 4 et de 2 *centesimos* dont le type principal est une étoile.

§ XIII. — *Empire, puis république du Brésil.*

En 1821, quand le roi Jean VI retourna au Portugal, il laissa à son fils Pierre le gouvernement du Brésil; l'année suivante celui-ci dut accorder une constitution aux Brésiliens, et le Sénat de Rio de Janeiro le proclama empereur sous le nom de Pierre I. En 1831, il abdiqua en faveur de son jeune fils Pierre II, qui gouverna jusqu'en 1889, année où une révolution proclama la République des États-Unis du Brésil.

La création de l'empire du Brésil n'amena pas de modification dans le système monétaire du pays. Les monnaies d'or frappées par Pierre I portent son buste et les armes; sur l'argent et le cuivre nous trouvons les armes et l'indication de la valeur, en *reis,* dans une couronne. La devise impériale qui accompagne généralement l'écusson est: IN HOC SIGNO VINCES. Les ateliers en activité sous Pierre I sont Rio de Janeiro (R), Bahia (B), Pernambuco (C), Sao Paolo (S. P), Goyaz (G), Minas (M), Cuyaba (C). Indépendamment de l'émission d'espèces, on procéda à la contremarque d'un grand nombre de pièces.

Fig. 439

Les premières monnaies de Pierre II furent analogues à celles de son père et conformes au même système, suivant lequel l'*oïtava* d'or de 22 carats valait soit 1600, soit 1777 reis. L'édit du 8 octobre 1833 attribua à l'*oïtava* la valeur de 2500 reis. Enfin, en vertu de l'édit du 11 septembre 1846, un nouvel affaiblissement porta l'*oïtava* à 4000 reis. Sous Pierre II le nombre des ateliers diminua; aux débuts du règne, Rio de Janeiro, Bahia, Goyaz et Cuyaba fournissaient le numéraire; les trois dernières de ces officines furent successivement closes.

Les monnaies d'or, qui portent à l'avers l'effigie impériale, permettent de suivre les variations apportées par l'âge dans les traits de Pierre II, depuis la tête enfantine, jusqu'au profil à longue barbe.

Une loi du 26 septembre 1867 modifia les conditions d'émission de la monnaie d'argent, de telle sorte que la pièce de 2000 *reis* correspond exactement à la pièce de 5 francs de l'Union latine. En même temps le type fut changé, et la tête impériale, réservée jusqu'alors aux pièces d'or, parut sur les monnaies d'argent et de bronze. Notre figure 439 reproduit la pièce d'argent de 2000 *reis*.

Le décret du 3 septembre 1870 introduisit au Brésil la monnaie divisionnaire de nickel; on frappa en nickel des pièces de 200, 100 et 50 *reis* portant, à l'avers, l'écu impérial et les mots : IMPERIO DO BRAZIL, au revers, la valeur en chiffres arabes et une légende rappelant le décret qui avait créé ce genre d'espèces. De 1869 à 1873 les monnaies de bronze et de nickel du Brésil furent frappées à Bruxelles.

La République des États-Unis du Brésil n'a pas introduit de changements dans le système, mais l'effigie de Pierre II et les armes impériales ont été remplacées par les armes de la nouvelle confédération.

CHAPITRE QUINZIÈME

LES POSSESSIONS EUROPÉENNES DE L'ASIE

ET DE L'INSULINDE, ET LES ÉTATS INDÉPENDANTS OUVERTS A LA CIVILISATION EUROPÉENNE

SOURCES : A. Weyl, *Die Jules Fonrobert'sche Sammlung überseeischer Münzen und Medaillen*. Berlin, 1877, in-8, tome III. — J. Atkins, *The coins and tokens of the possessions and colonies of the british Empire*. Londres, 1889, in-8. — E. Zay, *Histoire monétaire des colonies françaises, d'après les documents officiels*. Paris, 1892, in-8. — A.-C. Teixeira de Aragão, *Descripção geral e historica das moedas cunhadas em nome dos reis, regentes e governadores de Portugal*. Lisbonne, 1874-77, tome III, in-8. — E. Netscher et J.-A. van der Chys, *De munten van nederlandsch Indie beschreven en afgebeeld*. Batavia, 1863, in-4. — V. Bergsöe, *Trankebar-Mönter (1644-1845) samt Mönter og Medailler vedrorende den danske Handel paa Ostindien, China og Guinea (1657-1777)*. Copenhague, 1895, pet. in-4. — A. Campaner y Fuertes, *Indicador manual de la numismatica española*. Palma, 1891, in-12. — Documents officiels divers.

§ I. — *États indépendants.*

Empire du Japon. — En 1871, le Japon, décidé à se mettre sous le rapport monétaire au niveau de la civilisation européenne, remplaça son ancien système national par un système décimal, et ses anciennes monnaies *itsiboues* et *obangs*, formés de minces plaques ovales, d'or et d'argent, par des pièces analogues à celles qui constituent le numéraire occidental. Le gouvernement anglais céda au Japon le matériel de l'atelier de Hong-kong et une Monnaie fut installée à Osaka avec tous les perfectionnements de la mécanique moderne. Plus tard, un second atelier fut créé à Tokio.

L'unité monétaire adoptée en 1871 est le *yen*, qui se divise en 100 *sen*. Le système était bimétallique avec un rapport de 1 à 16,17. Voici les pièces dont la fabrication fut faite:

		Poids.	Titre.
		—	—
OR.	*Pièce de 20 yen..*	33 gr. 333	900 millièmes.
	Pièce de 10 yen..	16 666	
	Pièce de 5 yen...	8 333	
	Pièce de 2 yen...	3 333	
	Pièce d'un yen...	1 667	
ARGENT.	*Yen......*	26 956	

En 1877, le gouvernement japonais, pour entraver l'invasion des *trade dollars* américains, donna au *yen* le poids exact de cette monnaie, c'est-à-dire 27 gr. 215, mais, dès 1879, on en revint au poids de 26 gr. 956.

		Poids.	Titre.
	Pièce de 50 sen...	12 gr. 50	810 millièmes.
	Pièce de 20 sen...	5	
	Pièce de 10 sen...	2 50	
	Pièce de 5 sen...	1 25	
BRONZE.	Pièces de 2, 1, $\frac{1}{2}$ *sen* et $\frac{1}{10}$ *sen* ou *rin*.		

La pièce de bronze de 2 *sen* a été créée par décret du 23 septembre 1873. Une pièce de nickel de 5 *sen* fut créée par décret du 8 novembre 1888. Les monnaies d'or et d'argent du Japon portent à l'avers un dragon, au revers une couronne de fleurs. Sur la face principale du 5 *sen* de nickel s'épanouit une fleur de chrysanthème. Quelques pièces portent l'indication de la valeur en japonais et en anglais.

Une loi du mois de mars 1898, exécutoire le 1er octobre suivant, a apporté dans le système monétaire japonais un changement fondamental. L'or est adopté comme unique étalon; la frappe du *yen* d'argent est suspendue, le poids des monnaies d'or est diminué de moitié. Voici les pièces frappées en conséquence de cette nouvelle législation, provoquée par la dépréciation universelle de l'argent:

		Poids.	Titre.
		—	—
OR.	*Pièce de 20 yen...*	16 gr. 6665	900 millièmes.
	Pièce de 10 yen...	8 3333	
	Pièce de 5 yen...	4 1666	
ARGENT.	*Pièce de 50 sen...*	13 4783	800 millièmes.
	Pièce de 20 sen...	5 3914	
	Pièce de 10 sen...	2 6955	
NICKEL.	*Pièce de 5 sen.*		
BRONZE.	*Sen* et demi-sen ou *pièce de 5 rin.*		

Empire de Chine. — C'est en 1890 qu'on a tenté pour la première fois d'établir en Chine un monnayage dans le genre du monnayage occidental. Un atelier fut organisé à Canton par la maison Heaton et fils de Birmingham et un autre fut installé à Wuchang. Postérieurement on a créé des officines à Tientsin, Fuchan, Hangchan, Nanking et Nganking, mais ces trois derniers ateliers n'ont pas encore fonctionné, paraît-il.

Les pièces frappées sont de cinq espèces : la piastre d'argent de la même dimension que la piastre mexicaine, la demi-piastre ou 50 cents, et des pièces de 20, 10 et 5 cents, ressemblant à la monnaie divisionnaire en usage dans la colonie anglaise de Hongkong. Ces monnaies ont une valeur calculée en fractions de *taël,* l'ancienne monnaie de compte de l'empire chinois; leur type consiste à l'avers en un dragon à cinq griffes autour duquel se trouvent des caractères chinois indiquant la valeur et le lieu de fabrication; de l'autre côté se trouvent des inscriptions chinoises et mandchoues.

Royaume de Corée. — La Corée, comme la Chine, paraît vouloir marcher dans le sens de l'adoption d'un numéraire d'aspect européen. L'atelier de Séoul fut transféré en 1892 à Chemulpo et organisé sur le modèle des ateliers occidentaux.

Royaume de Siam[1] — Le royaume de Siam est au régime de l'étalon d'argent et l'unité monétaire est le *tical* ou *bat,* qui pèse 15 grammes et équivaut ainsi aux $\frac{3}{5}$ d'une *piastre mexicaine*; le quart de tical s'appelle *salung,* et le huitième de tical *fuang.*

Sous le règne de Mongkut (1851-68), on installa dans le palais de Bangkok un outillage monétaire mécanique. Depuis cette époque, on a substitué aux anciennes monnaies sphéroïdales des pièces d'or et d'argent analogues aux monnaies européennes.

L'avers porte une couronne royale entre deux ombrelles coniques; le revers, un éléphant au centre d'un ornement dit *chakr?*

Sous le roi actuel Chulalongkorn, le buste du souverain, son monogramme, ou l'ange tutélaire du royaume assis sur l'écu royal, constituent le type des espèces. Quelques fabrications de monnaies siamoises ont eu lieu en Angleterre.

Empire de Perse. — La monnaie légale de la Perse est d'or et d'argent. Depuis 1879 on frappe dans l'atelier de Téhéran, installé à l'européenne, des monnaies au titre de 900 millièmes, conformes à celles de l'Union monétaire latine et formant l'échelle suivante :

1. *Catalogo della collezione di monete siamesi del principe di Napoli,* dans la *Rivista italiana di numism.,* t. XI, 1898, p. 287 et suiv.

OR.	Pièce de 2 *tomans*	équivalente à	20 francs.
	1 *toman*	—	10
	½ *toman*	—	5
	2 *kasaris*	—	2
ARGENT.	Pièce de 1 *cran*	—	1
	2 *crans*	—	2

Émirat d'Afganistan. — Suivant le mouvement général qui amène les peuples d'Asie à s'assimiler la civilisation européenne, l'émir d'Afganistan a fait établir en 1890 à Caboul un atelier monétaire avec outillage mécanique.

Royaume de Cambodge. — Le roi Norodon I a fait frapper, dans un atelier établi à Pnom-Penh et pourvu d'un outillage européen, des monnaies d'argent et de bronze suivant le système français. Il y a des pièces de 4 francs, 2 francs, 1 franc, 50 et 25 centimes en argent, de 10 et 5 centimes en bronze. Elles portent à l'avers la tête nue du roi, à gauche, la légende : NORODOM Iᴱᴿ ROI DU CAMBODGE et le millésime de 1860, année de l'avènement du roi. Le revers porte l'écusson royal et l'indication de la valeur en siamois et en français.

En 1863, le Cambodge s'est placé sous le protectorat français, dont la tutelle administrative est devenue beaucoup plus effective à partir de 1884.

§ II. — *Possessions européennes.*

Les pays européens qui, au XIXᵉ siècle, ont possédé des colonies en Asie et en Insulinde sont au nombre de sept : Angleterre, France, Pays-Bas, Portugal, Espagne, Danemark et Russie. Les possessions russes de Sibérie, faisant partie intégrale de l'empire, n'ont pas à prendre place dans ce chapitre ; nous passerons rapidement en revue, celle des autres puissances.

a). — *Possessions anglaises.*

Inde anglaise. — En 1858, le gouvernement de l'Inde, qui avait été exercé jusque-là par la Compagnie des Indes orientales, *East India Company,* passa à la couronne d'Angleterre. Le 1er novembre de cette année, la reine Victoria fut proclamée reine de Grande-Bretagne et des Colonies. En 1877, ce titre fut remplacé par celui d'impératrice des Indes.

Dans le premier tiers de ce siècle, le monnayage de l'Inde anglaise resta ce qu'il était à la fin du XVIIIᵉ. Dans les présidences du Bengale et de Bombay, les monnaies d'or et d'argent ont été frappées à types exclusivement indigènes, suivant le système musulman de la *roupie* d'argent, mais la valeur exacte de la *roupie* variait suivant les régions et les ateliers. Le cuivre de Bombay porte à l'avers les armes de la Compagnie, soutenues par deux lions, entourées des mots : EAST INDIA COMPANY et du millésime ; le revers a une balance, le mot *adel* (justice) en caractères persans, et la date de l'hégire. Dans la présidence du Bengale, les pièces de cuivre les plus fortes ont également les armes de la Compagnie ; les plus petites ne portent que des inscriptions ; les légendes sont en quatre langues : anglais, persan, nagrais et bengalais. Les ateliers monétaires du Bengale étaient à Calcutta, Furrukabad et Benarès ; celui de Furrukabad fut remplacé en 1825 par celui de Sagur. La Monnaie de Benarès fut abolie en 1830. Dans la présidence de Bombay, cette ville était le siège de l'officine, mais les pièces de cuivre furent frappées en Angleterre dans l'usine de Soho de Boulton et Watt.

Dans la présidence de Madras, le système monétaire musulman était employé concurremment avec l'ancien système hindou ; à côté des *roupies* d'argent et des *mohurs* d'or, aux armes ou à l'emblême de la Compagnie, on frappait des *pagodes* d'or et d'argent, des *fanams* d'argent et des *cash* de cuivre. Ces *pagodes* continuent à porter à l'avers une pagode et au revers le dieu Swami. Les légendes sont en anglais, en persan et en tamoul. En 1807, l'atelier monétaire qui se trouvait à Arcot fut transféré à Madras.

Le 1er juillet 1835, les monnayages particuliers de l'Inde anglaise firent place à un monnayage uniforme. Toutes les espèces locales furent abolies et remplacées par un nouveau système ayant pour base la *roupie* d'argent dite *roupie de la Compagnie (company's rupee,* ou en abrégé *co'sr),* divisée en 16 *annas,* qui se divisaient à leur tour en 12 *pice.* L'or, comme le passé, n'avait pas cours obligatoire, et était soumis aux fluctuations du marché ; on frappa des pièces de 2 *mohurs* valant nominalement 30 *roupies,* et des pièces d'un *mohur* ou 15 roupies. La première paraît n'avoir eu qu'une seule émission, en 1835. En 1862, on commença la frappe de pièces d'or de 10 et de 5 *roupies.*

Le tableau suivant résume, avec leurs diamètres, titres et poids convertis en millièmes et en grammes, la série des unités monétaires ayant cours actuellement dans l'Inde anglaise :

		Diamètre.	Poids.	Titre.
OR.	*Mohur* ou 15 *roupies.* . .	26 mill.	11 gr. 664	916,66 millièmes.
	$\frac{2}{3}$ *mohur* ou 10 *roupies.* .	22	7 776	
	$\frac{1}{3}$ *mohur* ou 5 *roupies.* .	19,5	3 888	

ARGENT.	*Roupie.*	30	11	664	916,66 millièmes.
	Demi-roupie ou 8 *annas.* .	24	5	832	
	4 *annas.*	19	2	916	
	2 *annas.*	15	1	458	
CUIVRE.	2 *pice* ou $\frac{1}{2}$ *anna..* . .	31	12	960	
	Pice ou quart d'*anna.* . .	25	6	480	
	Demi-pice.	21	3	240	
	Pie ou douzième d'*anna.* .	17	2	160	

Les *mohurs* de 1835 portent à l'avers la tête du roi Guillaume IV et au revers un lion devant un palmier ; les *roupies* contemporaines du même roi ont à l'avers la même effigie et au revers l'indication de la valeur inscrite dans une couronne de laurier. Les légendes sont : WILLIAM IIII KING et EAST INDIA COMPANY. La valeur est indiquée en anglais et en persan.

Sous Victoria, ces types, à l'effigie près, continuèrent à être en usage jusqu'à la suppression de la Compagnie des Indes orientales. Le coin du revers fut alors remplacé par une empreinte nouvelle, où se voient simplement l'indication de la valeur en trois lignes et le millésime au centre d'une large bordure ornée. Ce dispositif existe à la fois sur l'or, l'argent et le cuivre. Les ateliers actuels de l'Inde anglaise sont à Calcutta et à Bombay; la Monnaie de Madras a été fermée le 31 août 1869.

La loi du 26 juin 1893 a fermé les ateliers de l'Inde aux apports d'argent des particuliers, c'est un premier pas vers la suppression de l'étalon d'argent et l'adoption de l'étalon d'or, qui paraît être le but du gouvernement.

Ile de Ceylan. — Cette île, qui appartenait à la Hollande, fut définitivement cédée à la Grande Bretagne, en 1802, par la paix d'Amiens. La circulation monétaire y était très confuse, à cause du cours simultané des monnaies néerlandaises, et des pièces de divers systèmes importées de l'Inde. L'unité de compte était le *rixdollar* divisé en 48 *stuivers* ou *stivers* ou en 12 *fanams*.

Les premières monnaies frappées sous la domination anglaise sont des pièces très épaisses, d'exécution rudimentaire, portant à l'avers un éléphant et le millésime, au revers l'indication de la valeur entourée des mots CEYLON GOVERNMENT. Il existe ainsi, en argent, des pièces de 96, 48 et 24 *stivers*, frappées de 1803 à 1809, et des pièces de cuivre d'un 12e, d'un 24e et d'un 48e de *roupie*, frappées de 1801 à 1815.

En 1815, les *rix dollars* d'argent et les pièces de cuivre, *stivers, doubles stivers* et *demi-stivers*, furent frappés à l'européenne; ils portent d'un côté la tête laurée de Georges III et de l'autre l'éléphant de Ceylan. Une émission d'argent à l'effigie de Georges IV eut lieu en 1821.

De 1827 à 1830, on frappa des *demi-farthings* de cuivre, mais ces pièces comme celles qui suivirent sont de type purement anglais, et rien dans leurs légendes n'indique leur destination spéciale. Il y eut ainsi sous Guillaume IV, à partir de 1834, des pièces d'argent de *trois demi-pennys* et en 1837 une nouvelle émission de *demi-farthings*. Sous Victoria, ces deux valeurs ont été de nouveau frappées. Depuis 1836, l'usage des poids et mesures anglaises est obligatoire dans l'île de Ceylan.

Ile de Sumatra. — En 1804, la Compagnie des Indes orientales fit frapper pour ses comptoirs de Sumatra des pièces de cuivre de 4 *kapangs*, 2 *kapangs* et 1 *kapang*, dont nous avons reproduit le type (p. 579). En 1824 les possessions britanniques de Sumatra furent cédées à la Hollande en échange de Malacca.

Ile de Poulo-Pinang. — Cette colonie est comprise aujourd'hui dans les Strait Settlements. De 1810 à 1828, la Compagnie des Indes orientales a fait frapper en Angleterre des *cents*, *two cents* et *half cents* de cuivre, portant à l'avers ses armes, au revers les mots *Pulu-Penang*, en caractères persans, dans une couronne.

Malacca. — Malacca, sur la côte occidentale de la péninsule malaise, fut acquise de la Hollande en 1824, en échange des établissements anglais de Sumatra. En 1835, on frappa pour cette colonie des pièces de cuivre d'un et de 2 *kapangs*, portant à l'avers un Coq surmonté d'une inscription malaise signifiant : *pays malais*, au revers l'indication de la valeur et de l'année de l'hégire en caractères persans.

Ile de Singapore. — L'île de Singapore fut cédée à l'Angleterre par le sultan de Johore en échange d'une pension. En 1845, la Compagnie des Indes orientales fit frapper pour Singapore des *cents*, *half-cents* et *quarter-cents* de cuivre, portant d'un côté la tête couronnée de Victoria, de l'autre, l'indication de la valeur dans une couronne de laurier avec la légende circulaire : EAST INDIA COMPANY.

Straits Settlements. — Les Straits Settlements ou établissements du détroit de Malacca furent formés, en 1853, de Poulo-Pinang, de Malacca et de Singapore, et placés sous l'administration du gouverneur-général de l'Inde. En 1867, ils furent constitués en colonie indépendante. La monnaie légale des Straits Settlements est la piastre mexicaine ou dollar, que l'on divise en 100 cents.

En 1862, on frappa des *cents, half-cents* et *quarter-cents* de cuivre, portant à l'avers le buste couronné de Victoria, au revers les mots INDIA STRAITS et l'indication de la valeur en toutes lettres.

Depuis 1871, le gouvernement anglais fait frapper pour les Straits Settlements des pièces d'argent de 20, 10 et 5 cents et des pièces de cuivre de 1, $\frac{1}{2}$ et $\frac{1}{4}$ cents, portant l'effigie couronné de la reine et l'indication de la valeur en chiffres arabes.

Ile de Java. — Java fut occupée par les Anglais en 1811 et rendue à la Hollande en 1814, au traité de Paris.

La Compagnie anglaise des Indes orientales frappa à Sourabaya des *mohurs* d'or, des *roupies* et *demi-roupies* d'argent, portant des inscriptions en malais et en javanais et les trois dates de l'hégire, de l'ère javanaise et de l'ère chrétienne. Ces inscriptions signifient : *monnaie de la compagnie anglaise. frappée à Sourabaya.* Des monnaies de cuivre d'un *stuiver,* d'un *demi-stuiver* et d'une *doit,* et des *doits* de plomb, émises à la même époque, portent la marque de la Compagnie, l'indication de la valeur, le millésime et le mot JAVA.

Colonie de Bandjermasin. — Sir Stamford Raffles, gouverneur de Java pendant l'occupation anglaise, organisa une expédition à Bornéo sous les ordres d'un aventurier nommé Alexandre Hare. Celui-ci obtint du Sultan de Bandjermasin le territoire de Maluka sur la côte méridionale de l'île, où il fonda une colonie. Il frappa en 1813 des *doits* de cuivre portant à l'avers une sorte d'éventail en forme d'étoile ou une imitation de la marque de la Compagnie des Indes.

Ile de Hong-kong. — Cette île, située à l'embouchure de la rivière de Canton, fut occupée par les Anglais en 1839. Un atelier monétaire qui avait été organisé à Victoria, capitale de l'île, fut supprimé en 1871, et son matériel fut vendu au gouvernement japonais.

Les premières monnaies de la colonie de Hong-kong furent frappées en 1862 et consistent en pièces d'argent de 10 *cents,* portant à l'avers la tête diadémée de la reine Victoria et au revers l'inscription HONG-KONG, l'indication de la valeur et plusieurs caractères chinois. Le système monétaire fut successivement complété par des *dollars* d'argent frappés pour la première fois en 1866, des *demi-dollars,* des pièces de 20 et de 5 *cents* puis, en cuivre, des *cents* et des *mils.* Ces dernières pièces sont trouées à la mode chinoise. Quelques pièces de Hong-kong portent comme différent un H, ce qui indique qu'elles ont été fabriquées, non dans la colonie, mais à Birmingham, chez Heaton et fils.

Une décision du 2 février 1895 a fait frapper à Bombay, à destination de Hong-kong et des établissements du Détroit, un nouveau *british-dollar* d'argent du poids de 416 grains anglais et à 900 millièmes de fin. Le type se compose à l'avers de la Britannia debout, tenant un trident et un bouclier armorié, au revers d'un dessin symétrique dans le goût de l'Extrême-Orient, entouré de l'indication de la valeur en chinois et en malais.

Ile de Sultana ou Labuan. — En 1804 et 1835, la Compagnie des Indes orientales a fait frapper pour l'île de Sultana, située au nord-ouest de Bornéo, des monnaies de cuivre d'un *kapang*, portant à l'avers ses armes avec les mots : ISLAND OF SULTANA, et au revers une légende en malais.

Sarawak. — En 1841, le sultan de Brunei, dans l'île de Borneo, céda le territoire de Sarawak à sir James Broke, qui en devint souverain indépendant sous le protectorat de l'Angleterre. En 1868, James Brooke mourut après avoir désigné pour son successeur son neveu Charles Brooke.

En 1863, James Brooke fit frapper à son effigie des *cents, half-cents* et *quarter-cents* de cuivre. Cet exemple fut suivi par Charles Brooke, dont la première émission remonte à 1870.

British North Borneo Company. — Cette Compagnie à charte, qui exploite une partie de la côte septentrionale de Borneo, a fait frapper en 1882 et depuis lors à plusieurs reprises, chez Heaton et fils, à Birmingham, des *cents* et *half-cents* de cuivre. Ces pièces ont à l'avers les armes de la Compagnie, au revers l'indication de la valeur en anglais, en chinois et en malais, et la légende circulaire : BRITISH NORTH BORNEO C°.

b). — *Possessions françaises.*

Inde française. — L'atelier de Pondichéry frappait des *roupies* d'argent au type indigène des *roupies* d'Arcate. En 1836, on fabriqua des *caches* de cuivre portant à l'avers le coq gaulois et le millésime, au revers le nom de Pondichéry en langue tamoule ; l'année suivante, il y eut une émission de *doubles fanons, fanons* et *demi-fanons* d'argent, portant le même coq et au revers une couronne. Les travaux de l'hôtel des monnaies de Pondichéry cessèrent définitivement au 1er janvier 1840.

Cochinchine française. — La Cochinchine fut cédée à la France par l'Annam en 1862.

En vertu d'une décision du ministre des finances du 15 avril 1879, la Monnaie de Paris a frappé pour la Cochinchine des pièces de 50, 20 et 10 *cents* d'argent, des *cents* et des *sapèques* de cuivre. Le type de ces pièces, à l'exception de la *sapèque*, se compose, à l'avers, d'une République assise, la tête radiée, tenant un faisceau et s'appuyant sur la barre d'un gouvernail. Les *sapèques* sont trouées comme les monnaies annamites et portent des légendes françaises et annamites. Les dernières monnaies de la Cochinchine portent le millésime de 1885.

Indochine française. — L'Indochine française se compose de la Cochinchine, du Tonkin et des royaumes d'Annam et du Cambodge, placés sous le protectorat de la France.

La Monnaie de Paris a frappé pour l'Indochine, depuis 1885, des *piastres* d'argent et des monnaies divisionnaires d'argent et de cuivre du même type que les pièces frappées antérieurement pour la Cochinchine.

c). — *Possessions hollandaises.*

Indes orientales. — En 1802, le gouvernement de la république batave, qui avait mis fin en 1799 au privilège de la Compagnie néerlandaise des Indes orientales, fit frapper pour l'Insulinde une série de monnaies d'argent, *gulden, demi, quart, huitième et seixième de gulden,* portant à l'avers un trois-mâts et la légende : INDIÆ BATAVORUM, au revers l'écu au lion sous une couronne, entouré de l'inscription : MO. ARG. ORD. FOED. BELG. HOL. Pour le cuivre, on conserva pendant plusieurs années les coins antérieurement en usage; il existe jusqu'en 1804 des *dutes* de la province de Hollande, et jusqu'en 1806 des *dutes* de la Gueldre, portant au revers le monogramme de la *Vereenigde Osrtindische Companie.* Indépendamment des monnaies frappées en Europe, on frappa à Java des monnaies d'argent à inscriptions indigènes et en cuivre des lingots oblongs, grossièrement découpés, portant un millésime et l'indication de leur valeur : 8 STU(*ivers*), 2 S. ou 1 S(*tuiver*).

Sous Louis-Napoléon, roi de Hollande, un atelier créé à Sourabaya émit en grand nombre des pièces de cuivre portant le monogramme du roi ou ses initiales L. N. et au revers le mot JAVA, accompagné du millésime. De 1811 à 1816, l'Insulinde hollandaise fut occupée par les Anglais. Nous avons vu plus haut les monnaies qui furent frappées pendant cette période. Après la constitution du royaume des Pays-Bas, le roi Guillaume I obtint la restitution à son pays de ses anciennes colonies. Le 14 janvier 1817, une ordonnance du commissaire général des Indes néerlandaises déclara que le *gulden* ou *florin* de Hollande serait l'unité monétaire dans les colonies, où on le diviserait en 120 *dutes* ou en 30 stuivers indiens équivalant à 24 *stuivers* néerlandais. La loi du 1er mai 1854 substitua les *cents* et *demi-cents* aux *dutes*, et le *florin* comprit 100 *cents* comme dans la mère-patrie. La loi du 20 avril 1855 introduisit aux Indes une pièce de 2 $\frac{1}{2}$ *cents* de cuivre.

Le type des *florins* d'argent de Guillaume I se compose de la tête du roi; au revers, l'écu néerlandais est entouré d'une double légende : MUNT VAN HET KONINGRYK DER NEDERLANDEN. NEDERLANDSCH INDIE. L'effigie royale reparaît sur les $\frac{1}{2}$ et $\frac{1}{4}$ *florins*. Les pièces d'argent de valeur inférieure ont à l'avers l'écu couronné du royaume et, au revers, des légendes en malais et en javanais.

d). — *Possessions portugaises.*

Inde portugaise. — Le système monétaire de Goa, suivant un décret du roi Jean VI, en date du 10 octobre 1818, comprenait les pièces suivantes:

En or. *Saint thomas de* 12 *pardaos* ou *xerafins*, taillé à 48 au marc, du poids de 96 grains à 22 carats de fin.
Saint thomas de 8 *pardaos*, pesant 64 grains.
Saint thomas de 4 *pardaos*, pesant 32 grains.
Saint thomas de 2 *pardaos*, pesant 16 grains.
Saint thomas d'un pardao, pesant 8 grains.

En argent. *Roupie*, pesant 215 grains.
Pardao ou $\frac{1}{2}$ roupie, pesant 107 grains 5.
Demi-pardao, pesant 53 grains 75.
Tanga, pesant 21 grains 5.

En cuivre. *Tanga* de 60 reis, pesant 738 grains.
Meia tanga de 30 reis, pesant 369 grains.
Vintem de 20 reis, pesant 246 grains.
15 *reis*, pesant 184 grains 5.
12 *reis*, pesant 147 grains 6.
10 *reis*, pesant 123 grains.
7 $\frac{1}{2}$ *reis*, pesant 92 $\frac{1}{4}$ grains.
4 $\frac{1}{2}$ *reis*, pesant 55 grains 3.
3 *reis*, pesant 36 grains 9.

Le type des monnaies d'or comprend à l'avers les armes du Portugal, et au revers une croix dite de Saint-Thomas, cantonnée de l'indication de la valeur en *xerafins* et de la date. L'argent a au droit un buste royal informe, entouré des mots RUPIA D. GOA, OU PARDAO D. GOA, OU MEI X GOA, etc., et au revers les armes du Portugal. Ces mêmes armes se retrouvent sur le cuivre, qui porte de l'autre côté, au milieu du champ, la valeur en reis. Toutes ces pièces sont d'une fabrication très rudimentaire. Sous le règne de Marie II, le monnayage se perfectionne un peu, grâce aux coins envoyés de Lisbonne, mais la barbarie de la gravure reprend sous Louis I. En 1871, on eut recours à la Monnaie de Bombay pour la fabrication de nouvelles monnaies de cuivre de 60, 30, 15, 10, 5 et 3 reis; leur type comprend à l'avers l'écu couronné de Portugal, entouré de la légende INDIA PORTOG et du millésime, au revers, de la valeur inscrite dans une couronne.

e). — *Possessions espagnoles.*

Iles Philippines. — Sous le règne de Ferdinand VII (1808-33), on frappa, à partir de 1823, des *cuartos, ochavos* et *medio-ochavos* de cuivre, portant soit le buste du roi, soit les armes d'Espagne; la légende du revers : VTRAG. VIRT. PROTEGO, est suivie du millésime et des différents de l'essayeur et de l'atelier (M ou M). En 1828 eut lieu une émission de *piastres* d'argent; d'une fabrication très défectueuse, ces pièces sont frappées sur des piastres péruviennes et mexicaines, dont les types reparaissent sous l'empreinte nouvelle; l'avers porte au milieu du champ : MANILA 1828, en deux lignes, au revers figure l'écu d'Espagne couronné, entouré de la légende : HABILITADO POR EL REY N. S. D. FERN. VII.

Sous Isabelle II (1833-68), l'atelier de Manille émit des monnaies d'or, *cuatro pesos, dos pesos, peso,* des pièces d'argent, 50, 20 et 10 *centimos de peso,* et des *cuatro cuartos* de cuivre à l'effigie de la reine ou aux armes d'Espagne. Le monnayage continua sous Alphonse XII (1875-1885).

f). — *Possessions danoises.*

Inde danoise. — Le gouvernement danois vendit, en 1845, à la Compagnie anglaise des Indes orientales, sa colonie de Tranquebar. L'atelier établi à Tranquebar monnaya sous tous les règnes jusqu'à la cession :

- * Christian VII, 1766-1808.
- * Frédéric VI, 1808-39.
- * Christian VIII, 1839-48.

Sous Christian VII, les espèces frappées sont des *pagodes* d'or, des *royalins* et *doubles royalins* d'argent, et des pièces de cuivre de 10, 4, 2 et 1 *kas* ou *cash* de cuivre. Sous ses successeurs on ne frappa que du cuivre. Le type principal de ces monnaies est formé par le monogramme couronné du roi.

CHAPITRE SEIZIÈME

L'AFRIQUE

ÉTATS INDÉPENDANTS ET POSSESSIONS EUROPÉENNES

SOURCES : A. Weyl, *Die Jules Fonrobert'sche Sammlung überseeischer Münzen und Medaillen.* Berlin, 1877, in-8, tome III. — J. Atkins, *The coins and tokens of the possessions and colonies of the british Empire.* Londres, 1889, in-8. — E. Zay, *Histoire monétaire des colonies françaises, d'après les documents officiels.* Paris, 1892, in-8. — A.-C. Teixeira de Aragão, *Descripção geral e historica das moedas cunhadas em nome dos reis, regentes e governadores de Portugal.* Lisbonne, 1874-77, tome III, in-8. — A. de Foville, *Les monnaies de l'Ethiopie sous l'empereur Ménélick,* dans la *Gazette numismatique française* de 1898.

§ I. — *États indépendants.*

Empire du Maroc. — L'unité monétaire du Maroc se nomme *metikal* et se divise en 10 *ukies* à 4 *mouzonnas* à 6 *flus.* La valeur de ce *métikal* équivaut à celle d'une demi-piastre d'Espagne. Le monnayage indigène, très imparfait, ne comprend plus, depuis nombre d'années, que des pièces de 4 et de 2 *flus,* formées d'un alliage de cuivre et de zinc, et fondues dans des moules en grandes tablettes qui se divisent ensuite au ciseau, à la manière de certains potins gaulois. Cette numismatique musulmane ne rentre pas dans le cadre de notre *Traité,* mais de 1881 à 1884 et de 1891 à 1894, le sultan du Maroc a entrepris d'établir dans ses états l'usage d'une nouvelle monnaie d'argent, dont la Monnaie de Paris a reçu la commande. Ce nouveau numéraire comprend des pièces de 10 *onces* du poids de 29 gr. 12, au titre de 900 millièmes, des pièces de 5 *onces,* 2 *onces et demi, une once* et une *demi-once,* au titre de 835 millièmes.

Vice-royauté d'Égypte. — Le monnayage égyptien n'appartient qu'accessoirement à notre sujet. L'unité monétaire de l'Égypte était jusqu'en 1885 la *piastre* d'argent divisée en 40 *paras* ou *medins.* Cent piastres faisaient une *livre égyptienne.* En or, il y avait des pièces de 100, de 50 et de 25 piastres. Toutes ces pièces portent le toughra impérial ottoman, l'année de l'avènement du sultan et l'année de son règne, la légende : *frappée au Caire* et la désignation de la valeur.

Un décret du 14 novembre 1885 établit en Égypte l'étalon d'or. La *livre* de 100 *piastres* fut adoptée comme unité monétaire. La piastre se subdivise, non plus en 40 paras, mais en 10 *ochr'-el-guerche* ou dixièmes. Les monnaies d'or ont seules un pouvoir libératoire illimité. Comme monnaies d'appoint inférieures à la piastre, il y a des pièces de nickel et de bronze.

Malgré les mots : *frappée au Caire,* qui continuent à figurer sur les espèces, le gouvernement égyptien s'adresse pour la fabrication de ses monnaies à des ateliers européens.

En 1867 et 1869, des pièces de bronze de 20 et 10 *paras,* dont les coins avaient été gravés par A. Barre, furent faites à Paris. Depuis 1887, c'est l'Hôtel des Monnaies de Berlin qui frappe les monnaies égyptiennes.

Empire d'Éthiopie. — La circulation monétaire de l'Abyssinie ou Éthiopie se composait de *thalers levantins* frappés en Autriche au buste de Marie-Thérèse, de *roupies* de l'Inde anglaise et de lingots de sel dits *annelets,* lorsqu'en 1893, par décret du 9 février (4 yekatite de l'an de grâce 1885 de l'ère abyssine) l'empereur Ménélick II décida la création d'un numéraire national.

Dans l'article I, l'empereur dit : « La nouvelle monnaie sera frappée dans les établissements monétaires du gouvernement français, afin de me donner toute garantie pour la pureté et la bonne exécution des pièces. » Les articles 2 à 8 instituent une série monétaire comprenant quatre pièces d'argent et trois de cuivre : d'abord le *talari éthiopien* « semblable comme titre et comme poids au talari de Marie-Thérèse, au millésime de 1780, qui a eu cours jusqu'à présent dans mes états », puis des *demi-talaris,* des quarts et des huitièmes, enfin en cuivre pur des *guerches,* des *demi-guerches* et des *quarts de guerche.* Le type du talari est fixé par l'article 9 ; il porte d'un côté le buste à droite de Ménélick, couronné de la tiare éthiopienne, au revers, le lion tenant la bannière et passant à gauche ; les légendes, en caractères et en langue amharique sont : *Ménélik II, roi des rois d'Éthiopie. Il est vainqueur le lion de la tribu de Juda.* Les coins des premiers *talaris* ont été gravés par J. Lagrange.

Le 3 novembre 1896 Ménélick notifia au ministre des affaires étrangères de France une décision qui modifia l'échelle primitive adoptée pour ses monnaies, en établissant une division décimale. Le *huitième de talari* fait place à un *vingtième de talari* et, en cuivre, les trois divisions sont remplacées par un *centième de talari.* Le titre des pièces d'argent passe de 833 $\frac{1}{3}$ à 835 millièmes. La gravure des nouvelles pièces éthiopiennes est confiée à J.-C. Chaplain.

Sultanat de Zanzibar. — En 1883, le sultan de Zanzibar a fait frapper à Bruxelles des pièces d'or de 5 *dollars,* des *dollars* d'argent et des *pessas* ou 136es de dollar en cuivre. De nouvelles émissions de monnaies de cuivre ont eu lieu, depuis cette époque, à Bruxelles et chez Heaton à Birmingham.

République du Transvaal. — Le système monétaire adopté par le Transvaal est celui de l'Angleterre. En 18.., le président Burgers a fait frapper à son effigie des *livres sterling* d'or, mais plutôt à titre d'essai qu'en vue d'une circulation effective.

Une loi de 1891 a décidé la fabrication des monnaies suivantes à l'effigie du président Krüger, en or: *livre* et *demi-livre,* en argent: 5 *shillings,* 2 $\frac{1}{2}$ *shillings,* 2 *shillings, shilling, six pence, three pence,* en bronze : *penny* et *halfpenny.* Les monnaies du Transvaal ou république sud-africaine ont été fabriquées depuis 1892 dans l'atelier monétaire de Berlin. Les inscriptions des pièces sont en langue néerlandaise.

République de Libéria. — Le système monétaire de la République de Libéria est identique à celui des États-Unis d'Amérique. La première émission eut lieu en 1833; elle consiste en *cents* de cuivre portant à l'avers un homme nu plantant un palmier au bord de la mer éclairée par le soleil levant; au revers figure l'indication de la valeur avec les mots : AMERICAN COLONIZATION SOCIETY FOUNDED A. D. 1816. En 1847 eut lieu une émission de *cents* et de *two cents* de cuivre ; les pièces portent, à l'avers, la tête de la Liberté avec bonnet phrygien orné d'une étoile, au revers, un palmier au bord de la mer. En cette même année, on contremarqua de cette même tête de la Liberté des monnaies d'argent étrangères. De nouvelles fabrications d'espèces ont eu lieu pour Libéria depuis cette époque; la dernière dont nous ayons connaissance, et qui consista en pièces d'argent et de bronze, fut exécutée en 1896, chez Heaton et fils, à Birmingham.

État indépendant du Congo. — Nous rangeons le Congo parmi les états indépendants de l'Afrique pour nous conformer à la fiction diplomatique, mais il s'agit bien ici d'une colonie belge, dont la création, due à l'initiative féconde du roi Léopold II, constitue pour ce souverain éclairé un titre impérissable à la reconnaissance de ses concitoyens. En

1885, Léopold II obtint des chambres belges l'autorisation d'être le chef de l'état du Congo.

« La base du système monétaire, dans cet état, est l'étalon d'or. La monnaie de compte est le *franc* divisé en 100 centimes[1] ». Il n'a été frappé, jusqu'à présent, que des monnaies divisionnaires en argent de 5, 2, 1 *franc* et de 50 *centimes*, et en cuivre, de 10, 5, 2 et 1 *centime*. L'argent porte à l'avers la tête du roi-souverain, au revers les armes couronnées de l'état; les pièces de cuivre, trouées au centre d'un trou rond, afin d'en faciliter le transport, ont pour type une étoile. Les monnaies congolaises ont été frappées à partir de 1887 par l'atelier de Bruxelles.

Comme dans beaucoup de pays africains, une grande quantité de monnaie disparaît annuellement de la circulation, pour entrer dans la confection de bijoux indigènes ou pour être enfouie dans les tombes des chefs.

§ II. — *Colonies portugaises.*

Mozambique. — En 1813 et 1815, sous la régence de Jean, réfugié au Brésil, l'atelier de Rio de Janeiro frappa des monnaies de cuivre de 80, 40 et 20 *reis* pour le Mozambique et pour les îles de Saint-Thomas et du Prince; ces pièces ne diffèrent des monnaies brésiliennes que par l'indication de la valeur, tracée en chiffres arabes au lieu de chiffres romains. Une nouvelle émission de ces pièces de cuivre, au nom de Jean, devenu le roi Jean VI, eut lieu à Rio de 1819 à 1822[3].

Sous Marie II, on fabriqua à Mozambique, avec l'or natif, des lingots dits *barrinhas*, en forme de parallélogramme et portant d'un côté l'initiale M et parfois la date, de l'autre, l'indication de leur poids, soit ONÇA 6 c^ts^, soit 2 $\frac{1}{2}$ ou 1 $\frac{1}{4}$ (*maticals*).

En 1840, on frappa à la Monnaie de Lisbonne des pièces de cuivre de 80, 40 et 20 *reis* pour le Mozambique, puis en 1853 des pièces de 1 *réal* et de 2 reis. Ces pièces portent, comme celles qui avaient été émises sous Jean VI, les armes du Portugal et l'indication de leur valeur, mais rien dans les légendes ne précise leur destination. Un décret du 29 décembre 1852 a établi dans les diverses colonies portugaises de l'Afrique orientale une circulation monétaire uniforme, identique à celle du Portugal.

1. C. van Peteghem.
2. Th. Masui, *L'état indépendant du Congo à l'exposition de Bruxelles-Tervueren.* Bruxelles, 1897, in-8, p. 219.
3. J. Meili, *Das brasilianische Geldwesen.* Zürich, 1897, in-8, p. 254 et suiv.

Iles Saint-Thomas et du Prince. — Nous venons de parler des monnaies de cuivre émises en 1813 et 1815 à Rio de Janeiro pour la circulation de ces îles, situées dans le golfe de Guinée. Un décret du 3 novembre 1854 ordonna de contremarquer d'une couronne les pièces de cuivre en usage dans cette colonie.

Afrique occidentale ou Angola. — De 1814 à 1816 on frappa à Rio de Janeiro, pour l'Afrique occidentale, des monnaies de cuivre de 2 *macutas*, 1 *macuta*, $\frac{1}{2}$ et $\frac{1}{2}$ de *macuta*.

Ces pièces ont le même type que celles de Joseph I, mais elles sont environ de moitié moins lourdes.

De nouvelles émissions de monnaies de cuivre pour cette colonie eurent lieu sous Marie II et Pierre V.

Iles Açores et Madère. — Pendant la révolution qui agita le Portugal après la mort de Jean VI, les îles Açores restèrent fidèles à Marie II. En 1829, la junte centrale de l'île de Terceire fit fondre à Angra, avec le métal des cloches des couvents, des pièces de 10 et de 40 reis, portant à l'avers le nom et les titres de la reine autour d'un cartouche ovale aux armes du Portugal, et au revers l'indication de la valeur dans une couronne entourée des mots : ILHA TERCEIRA UTILITATI PUBLICAE.

Des fabrications de monnaies de cuivre pour les Açores ont eu lieu à Lisbonne, sous Marie II et Louis I, et, pour Madère, sous Marie II.

§ III. — *Colonies françaises.*

Ile de France. — « Le capitaine général Decaen, gouverneur des Établissements français à l'est du cap de Bonne-Espérance, fit frapper à l'île de France, en 1810, une monnaie à laquelle les colons donnèrent le nom de *piastre Decaen*. Elle fut fabriquée à Port-Louis par l'orfèvre Aveline avec les matières d'argent provenant de la prise d'un brick de guerre portugais. » Cette monnaie porte à l'avers l'aigle couronnée, sur un foudre, entouré de la légende : ILES DE FRANCE ET BONAPARTE, au revers, les mots : DIX LIVRES, dans une couronne de laurier.

Le 3 décembre 1810, l'Ile de France fut prise par les Anglais, qui s'en firent conférer la possession définitive par les traités de 1815 ; elle porte depuis cette époque le nom d'île Maurice.

Ile Bourbon ou de la Réunion. — En 1816, Louis XVIII fit frapper à

Paris, pour l'île Bourbon, des pièces de billon de 10 *centimes* portant à l'avers son chiffre couronné. Cette île reprit en 1848 le nom d'île de la Réunion, qu'elle avait porté sous la première république. En 1896, la Monnaie de Paris a frappé pour la Réunion des bons de caisse de de 1 franc et de 50 centimes en nickel, destinés à remplacer les bons de papier qui formaient la base de la circulation. Le type de ces pièces se compose à l'avers d'une tête de Mercure tournée à gauche; les coins ont été gravés par Lagrange.

Sénégal. — Une ordonnance de Charles X, en date du 17 août 1825, prescrivit la fabrication à la Monnaie de Paris de pièces de 5 et de 10 centimes en bronze « pour être transportées au Sénégal ». Ces pièces ont, à l'avers, la tête laurée du roi, au revers, l'indication de leur valeur dans une couronne entourée des mots COLONIES FRANÇAISES; mais rien, ni dans leur type, ni dans leurs légendes, ne rappelle leur destination spéciale. Elles sont identiques à celles qui furent envoyées à Cayenne et aux Antilles à la même époque (voir p. 734). Une nouvelle émission de monnaies de bronze coloniales eut lieu de 1839 à 1844, à l'effigie de Louis-Philippe.

Protectorat de Tunisie. — Par le traité du 12 mai 1881, la France a établi son protectorat sur l'ancienne régence de Tunis. A cette époque le système monétaire tunisien avait pour unité la *piastre tunisienne,* qui se divisait en 16 *kharoubes* ou en 40 *paras* et pesait 3 gr. 097 d'argent au titre de 900 millièmes. Le rapport de l'or à l'argent était de 1 à 15,88.

En 1884, la France fit une première tentative pour l'établissement en Tunisie du système décimal métrique. On frappa des pièces d'or de 15 *francs* équivalent à 25 piastres tunisiennes. Ces pièces, frappées à l'imitation des anciennes monnaies indigènes, portent à l'avers, dans une guirlande formée par deux branches de laurier, l'inscription arabe : *règne d'Aly Bey* et l'indication de leur valeur, 15 F., au revers, au milieu de deux palmes, se lit l'inscription arabe: *frappée à Tunis, année 1304* (1884) *25 (piastres).*

Ces pièces de transition firent place en 1891 au système français. L'atelier de Paris frappa pour la Tunisie des pièces d'or de 20 et de 10 francs, de 2 francs, 1 franc et 50 centimes, des pièces de bronze de 10, 5, 2 et 1 centimes. L'avers de ces monnaies porte, entre une palme et une branche de laurier, l'inscription arabe: *règne d'Aly, bey de Tunis, 20 francs, année 1308* (1891); sur le revers se lit, au centre d'une arabesque circulaire, le mot TUNISIE, avec l'indication de la valeur, le millésime et les différents de la Monnaie de Paris.

Protectorat de la Grande-Comore. — Les îles Comores furent placées en 1885 sous le protectorat français. Une société, formée à Paris pour l'exploitation de la Grande-Comore, a fait agréer au sultan qui la gouverne la proposition de battre monnaie à son nom. Par autorisation du sous-secrétaire d'État des colonies, en date du 11 octobre 1889, la Monnaie de Paris a frappé des pièces de 5 francs en argent, de 10 et de 5 centimes en bronze, au même poids, titre et module que les monnaies françaises. C'est le sultan lui-même qui a donné ordre de graver les

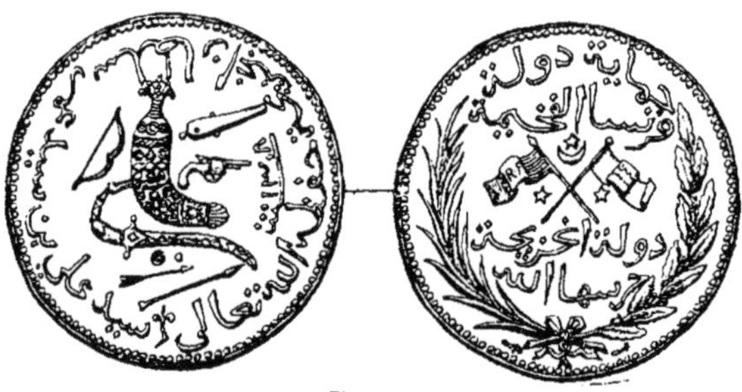

Fig. 440

armes divines que porte sur sa face la pièce de 5 francs (fig. 440), dont les légendes arabes signifient : *Saïd Ali, fils de Saïd Omar. Que Dieu le Très Haut le garde, 1308* (1891) *Protectorat du gouvernement français glorieux. Dynastie d'Anghezidia. Que Dieu le protège.* Les monnaies de bronze portent ces mêmes inscriptions, mais n'ont ni les armes ni les drapeaux des pièces de 5 francs.

§ IV. — *Colonies anglaises.*

Sierra Leone. — Nous avons décrit (p. 583) les monnaies frappées à la fin du XVIIIe siècle par la Compagnie anglaise de Sierra Leone. Une dernière émission de la pièce d'argent de 10 *cents* eut lieu en 1805.

Côte-d'Or. — En 1818, l'*African company of the gold Coast* fit frapper à Birmingham des *ackey* ou *couronnes* et des *half-ackey* d'argent, portant à l'avers le buste lauré du roi Georges III et au revers les armes de la compagnie, entourées de la légende, FREE TRADE TO AFRICA BY ACT OF PARLIAMENT 1750. En 1821, la compagnie fut supprimée et ses forts et établissements furent réunis au domaine de la couronne d'Angleterre.

Ile Maurice. — Lorsque l'Ile de France eût été prise, en 1810, par les

Anglais, ceux-ci lui rendirent le nom d'île Maurice qu'elle portait avant l'occupation française. Le 24 avril 1820, le gouvernement britannique fit frapper à Londres des monnaies d'argent, *demi-dollars, quarts, huitièmes et seizièmes de dollars,* pour Maurice, mais ces pièces qui portent à l'avers le nom de Georges IV autour d'un écusson, au revers une ancre et la légende COLONIAR BRITAN. MONET., n'ont rien dans leur type qui limite leur destination à cette île.

En 1821 et 1821, des pièces de métal blanc de 50 et de 25 *cents* furent frappées à la Monnaie de Calcutta pour le GOUV. DE MAURICE ET DEP., comme l'indique leur légende en langue française. L'avers porte deux palmiers (fig. 441).

Fig. 441

Des monnaies d'argent de 20 et de 10 *cents,* et de bronze de 5, 2 et 1 *cent* ont été frappées, en Angleterre, pour Maurice, depuis 1877. Le type se compose, d'un côté, du buste couronné de la reine Victoria, de l'autre, d'un chiffre indiquant la valeur et de la légende MAURITIUS.

Ile de Sainte-Hélène. — En 1821, la Compagnie des Indes-Orientales fit frapper pour l'île de Sainte-Hélène des *half-penny* portant, à l'avers ses armes, au revers, le nom St HELENA, le millésime et l'indication de la valeur encadrés dans une couronne. Des essais de *half crowns* d'argent ont été faits en 1823, et des essais de *shillings* et de *six pence* en 1833, mais ces pièces n'ont pas été mises en circulation.

Afrique orientale britannique. — Cette possession, qui s'étend au nord des possessions allemandes, entre le lac Victoria Nyanza et la côte de l'Océan Indien, est administrée par une compagnie à charte. En 1888, la *British East African Company* a fait frapper à Birmingham, dans l'ancienne maison Heaton et fils, des *roupies* d'argent et des *cents* en cuivre. Le type de l'avers est une balance.

Les autres colonies anglaises de l'Afrique n'ont pas eu, pendant le XIXe siècle, de monnaies particulières, mais il existe pour la colonie du Cap, pour le Griqualand West et pour Natal, un certain nombre de *tokens* émis par des particuliers.

§ V. — *Colonies allemandes.*

La *Compagnie allemande de l'Est de l'Afrique,* fondée en 1885, exploite les vastes territoires qui s'étendent entre le lac Tanganyka et l'Océan indien. On a frappé à la Monnaie de Berlin, pour la circulation de ces régions, des monnaies d'argent de 2 *roupies,* 1 *roupie,* $\frac{1}{2}$ et $\frac{1}{4}$ de *roupie.* Leur type se compose, à l'avers, du buste à gauche de l'empereur Guillaume II, GUILLELMUS II IMPERATOR, coiffé d'un casque ayant pour cimier une aigle, au revers, de l'écu de la compagnie : un lion passant à gauche, devant un palmier, avec la légende circulaire : DEUTSCH-OSTAFRIKANISCHE GESELLSCHAFT.

§ VI. — *Colonies italiennes.*

En 1885, l'Italie occupa Massaouah sur la côte africaine de la mer Rouge, et y créa une colonie sous le nom de colonie Erythrée.

Un décret royal du 10 août 1890 a prescrit la frappe, pour la colonie d'Erythrée, des monnaies suivantes, qui n'auront cours que sur le territoire de cette colonie :

Tallero d'argent, pesant 28 gr. 125, au titre de 800 millièmes, valant 5 lire italiennes.
$\frac{4}{10}$ de tallero d'argent, pesant 10 gr., au titre de 835 millièmes, valant 2 lire.
$\frac{2}{10}$ de tallero d'argent, pesant 5 gr., au même titre, valant 1 lira.
Dixième de tallero d'argent, pesant 2 gr. 50, au même titre, valant 50 centesimi.
Deux centièmes de tallero, de bronze, pesant 10 gr. valant 10 centesimi.
Centième de tallero, de bronze, pesant 5 gr. valant 6 centesimi.

Le type du *tallero* se distingue par le buste du roi Humbert, couronné et tourné à droite. Au revers, une aigle couronnée supporte l'écu ovale de la maison de Savoie; la légende comprend les mots COLONIA ERITREA et la valeur en trois langues, italien, arabe et amarique. Sur les monnaies divisionnaires, le buste couronné est conservé, mais le revers ne porte que des inscriptions et des chiffres de valeur. Les coins de ces pièces sont dues au graveur Speranza.

CHAPITRE DIX-SEPTIÈME

L'OCÉANIE

ÉTATS INDÉPENDANTS ET POSSESSIONS EUROPÉENNES

SOURCES : A. Weyl, *Die Jules Fonrobert'sche Sammlung überseeischer Münzen und Medaillen.* Berlin, 1877, in-8, tome III. — J. Atkins, *The coins and tokens of the possessions and colonies of the british Empire.* Londres, 1889, in-8.

§ I. — *Royaume de Hawaï.*

Le seul état indépendant de l'Océanie qui ait eu un numéraire propre, le groupe des îles Hawaï, vient d'être annexé aux États-Unis d'Amérique (1898). En 1847, le roi Kamehameha III (1824-54), qui introduisit dans ses états la civilisation européenne, désireux d'user des prérogatives de sa souveraineté, fit frapper, soit en Angleterre, soit aux États-Unis, des *cents* de cuivre. Ces pièces portent à l'avers son buste de face, en uniforme, entouré des mots KAMEHAMEHA III KA MOI. Le revers a en légende : AUPUNI HAWAII et, dans une couronne formée de deux branches de laurier : HAPA-HANERI en deux lignes.

Le roi Kalakana (1874-1891) fit frapper à San-Francisco en 1883 et 1884 des *dollars*, des *pièces de 50 cents* et des *pièces de 25 cents* et de *10 cents* d'argent, conformes aux monnaies américaines. Ces pièces ont à l'avers sa tête de profil, au revers les armoiries écartelées de son royaume.

La reine Lilinokalani, dernière souveraine d'Hawaï, détrônée en 1893, n'a pas laissé de souvenirs numismatiques.

§ II. — *Possessions européennes.*

Cinq puissances européennes possèdent des domaines en Océanie. L'Angleterre a la part la plus grande avec l'Australie, la Tasmanie et la

Nouvelle-Zélande. La France possède la Nouvelle-Calédonie, Tahiti et les Marquises. Les Carolines et les Mariannes rappellent l'ancienne puissance coloniale de l'Espagne. La Hollande revendique la côte occidentale de la Nouvelle-Guinée comme annexe de son empire d'Insulinde. Enfin, dernière venue, l'Allemagne a établi son autorité sur le Nord-Est de la Nouvelle-Guinée et quelques archipels polynésiens. De ces diverses puissances, nous n'avons à mentionner ici que l'Angleterre et l'Allemagne, les seules qui aient donné à leurs établissements océaniens des monnaies particulières.

Possessions anglaises. — La circulation monétaire de l'Australie et des possessions britanniques de l'Océanie fut assurée, dès le début, d'une manière plus ou moins satisfaisante, par le numéraire importé de la métropole. Pour les besoins des petites transactions, un grand nombre de marchands, tant du continent australien que de la Tasmanie et de la Nouvelle-Zélande, émirent des *tokens* de cuivre. Ce genre d'espèces privées n'entre pas dans le cadre de ce livre, mais nous ne pouvions cependant nous dispenser de signaler tout l'intérèt qu'elles présentent dès à présent pour l'histoire intime du développement de ces pays nouveaux. Beaucoup de ces *tokens* sont de fabrication anglaise, mais il s'en trouve certainement qui ont été exécutés sur place[1].

La découverte de mines d'or en Australie, en 1851, amena le gouvernement anglais à ouvrir successivement dans ce pays trois ateliers monétaires, succursales de la Monnaie de Londres, et destinés exclusivement à la fabrication d'espèces d'or. La production d'or australienne représente déjà près de 10 milliards de francs et dépasse actuellement 250 millions par an.

L'atelier de Sydney, institué par décret du 19 août 1853, commença sa fabrication en 1855. Il émet des *sovereigns* et *half-sovereigns*, au type de la reine Victoria, mais portant au revers le mot AUSTRALIA. Les pièces frappées en Australie ont reçu cours légal en Angleterre en 1863. Un second atelier fut créé à Melbourne par décision du conseil en date du 10 août 1869. La fabrication commença en 1872. La troisième officine a été créée à Perth, dans l'Australie occidentale, par décision du conseil en date du 13 octobre 1897.

1. Des *tokens* d'un *penny* et d'un *half penny* émanent d'un certain Thomas Stokes, de Melbourne, qui s'y intitule, graveur de coins et fabricant de *tokens* : DIE SINKER, SEAL ENGRAVER, LETTER CUTTER, CHECK & TOKEN MAKER. Ces pièces portent le millésime de 1862. — Cf. A. Weyl, *Fonrobert'sche Sammlung*, t. III, nos 242 et suiv.

Possessions allemandes. — En 1884 fut créée à Berlin la Compagnie de la Nouvelle-Guinée qui entreprit l'exploitation de la côte Nord-Est de cette île, à laquelle les Allemands donnèrent le nom de Terre de l'empereur Guillaume, *Kaiser Wilhelms Land.*

Le système monétaire est celui de la métropole. On a fabriqué pour la circulation de la colonie, en 1894, des monnaies d'argent (5 marcs, 2 marcs, 1 marc et 50 pfennig), et en 1895 des monnaies d'or (20 et 10 marcs) et de bronze (10 pfennig, 2 pf. et 1 pf.). Toutes ces pièces ont été frappées à l'atelier de Berlin.

TABLE DES MATIÈRES

CHAPITRE PREMIER

CHAPITRE DEUXIÈME

CHAPITRE TROISIÈME

CHAPITRE QUATRIÈME

CHAPITRE CINQUIÈME

CHAPITRE SIXIÈME

CHAPITRE SEPTIÈME

CHAPITRE HUITIÈME

CHAPITRE NEUVIÈME

CHAPITRE DIXIÈME

CHAPITRE ONZIÈME

CHAPITRE DOUZIÈME

CHAPITRE TREIZIÈME

CHAPITRE QUATORZIÈME

CHAPITRE QUINZIÈME

CHAPITRE SEIZIÈME

CHARTRES. — IMPRIMERIE DURAND, RUE FULBERT.

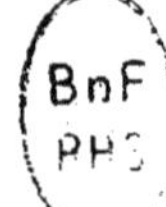

www.ingramcontent.com/pod-product-compliance
Ingram Content Group UK Ltd.
Pitfield, Milton Keynes, MK11 3LW, UK
UKHW020556180726
13838UKWH00001B/285